Digitalisierung der Prüfung

Datenanalyse im Aufbruch

Herausgegeben vom
Deggendorfer Forum zur digitalen Datenanalyse e. V.

Mit Beiträgen von
Christian Bartmann, Franz-Xaver Betz,
Prof. Dr. Jürgen Ernstberger, Dr. Markus Grottke,
Prof. Dr. Georg Herde, Dr. Jürgen Himmelmann,
Prof. Dr. Andreas Hufgard, Dr. Andreas Kiesow,
Johannes Langhein, Sebastian Osada,
Dr. Martin Panek, Dr. Wolfgang Pietsch,
Dr. Joachim Schnurbus, Dr. Stephan Streller,
Prof. Dr. Oliver Thomas, Vanessa Weltner

ERICH SCHMIDT VERLAG

Bibliografische Information der Deutschen Nationalbibliothek
Die Deutsche Nationalbibliothek verzeichnet diese Publikation
in der Deutschen Nationalbibliografie; detaillierte bibliografische Daten
sind im Internet über http://dnb.d-nb.de abrufbar.

Weitere Informationen zu diesem Titel finden Sie im Internet unter
ESV.info/978 3 503 17731 8

Gedrucktes Werk: ISBN 978 3 503 17731 8
eBook: ISBN 978 3 503 17732 5

Alle Rechte vorbehalten
© Erich Schmidt Verlag GmbH & Co. KG, Berlin 2018
www.ESV.info

Dieses Papier erfüllt die Frankfurter Forderungen
der Deutschen Nationalbibliothek und der Gesellschaft für das Buch
bezüglich der Alterungsbeständigkeit und entspricht sowohl den
strengen Bestimmungen der US Norm Ansi/Niso Z 39.48-1992
als auch der ISO Norm 9706.

Druck und Bindung: Strauss, Mörlenbach

Vorwort

Die rasante Entwicklung der Digitalisierung gibt auch der Datenanalyse eine neue Bedeutung. Die Relevanz der Daten steigt mit ihrer Quantität, da umfassende Erkenntnisse neue Dimensionen und Möglichkeiten schaffen. Zeitgleich entstehen neue Geschäftsmodelle, wodurch sich die Tragweite in immer mehr Lebensbereichen ausdehnt.

Bei der Tagung an der Technischen Hochschule Deggendorf wurde darüber diskutiert, wie es mit Big Data weitergeht und ob ein Umdenken erforderlich ist. „Digitalisierung: No usual business anymore!" lautete der Titel des 13. Deggendorfer Forums zur digitalen Datenanalyse.

Im ersten Beitrag stellten Dr. Martin Panek und Franz-Xaver Betz vom Bayerischen Landesamt für Steuern und Betriebsprüfung einen Überblick über den Stand der digitalen Betriebsprüfung dar. „Digitalisierung in der Betriebsprüfung: Auswirkungen auf das Risikomanagement und neue Prüfungsmethoden" nannte sich ihr Beitrag.

Mit dem Titel „Digitaler Aufbruch in der Wirtschaftsprüfung und Beratung" stellten Christian Bartmann von der PwC Frankfurt und Dr. Stephan Streller von der IBIS Prof. Thome AG Ansätze und digitale Analysetools zur Unterstützung von externer Prüfung und Interner Revision bzw. Beratungsprojekten vor.

Prof. Dr. Jürgen Ernstberger von der TU München und Dr. Joachim Schnurbus von der Universität Passau präsentierten ein neues Forschungsprojekt. Das Projekt steht unter dem Titel „Evidenzbasierte Entscheidungen auf Grundlage von Big Data Analytics – Ein Rahmen zum Unterrichten von Big Data-Visualisierungen und deren Gefahren". Es soll Studierenden Einblick in die Möglichkeiten und Risiken von Big Data Analysen geben.

Den aktuellen Stand der Technik der IT-gestützten Abschlussprüfung und die Chancen und Risiken der Digitalisierung auf die Wertschöpfungskette erklärte Prof. Dr. Oliver Thomas von der Universität Osnabrück. „Audit-as-a-service" war Thema des Vortrags und wird im Kapitel „Digitale Trends der Wirtschaftsprüfung" erläutert.

Einen Einblick in die Berichtspflichten von Banken und deren Auswirkungen auf Datenhaltung und Reporting erhielten wir von Dr. Jürgen Himmelmann von der Commerzbank AG Frankfurt. Er erklärte am Beispiel des sogenannten US-Monitors (Prüfung durch US-Behörden). Der Titel seines Vortrags lautete „Regulatorisch getriebene Datenanalysen im Finanzwesen".

Abschließend diskutierte Dr. Wolfgang Pietsch die grundlegenden Fragen zur Rolle der Daten in der Wissenschaft. Der Vortrag „Erkenntnistheoretische Betrachtungen zu datenintensiver Wissenschaft" erstreckte sich über die Tradition des Empirismus sowie über neue Paradigmen.

Bei allen Referenten und Mitwirkenden möchte ich mich an dieser Stelle persönlich sowie im Namen des Vereins bedanken. Ohne Ihre Mühe, mit der Sie Ihr Wissen und Ihre Erfahrungen am Forum sowie nun in diesem Tagungsband mit uns geteilt haben, wäre die Herausgabe des Tagungsbandes nicht möglich gewesen.

Mein besonderer Dank richtet sich an die Kooperationspartner der audicon, der BDO AG, DATEV eG und der Technischen Hochschule Deggendorf.

Für die Anpassung der schriftlichen Beiträge an ein einheitliches Layout bedanke ich mich bei Carmen Andraschko, Studentin der Technischen Hochschule Deggendorf, dem Erich Schmidt Verlag sowie bei meinem Mitstreiter Herrn Ernst-Rudolf Töller für die vielfältigen Anregungen, Diskussionen und wertvollen Kommentare.

Georg Herde   Deggendorf, im Februar 2018

Inhaltsverzeichnis

Vorwort 5

Dr. Martin Panek, Franz-Xaver Betz
Digitalisierung in der Betriebsprüfung: Auswirkungen auf das Risikomanagement und Prüfungsmethoden 9
1. Digitalisierung der Steuerverwaltungsprozesse 11
2. Risikomanagement im Vorfeld einer Betriebsprüfung (= Fallauswahl) 13
3. Das Verfahren der automationsgestützten Fallauswahl 16
4. Risikomanagement während einer Betriebsprüfung 18
5. Kassen-Nachschau 22
6. Zusammenfassung 22

Christian Bartmann, Prof. Dr. Andreas Hufgard, Dr. Stephan Streller, Vanessa Weltner
Digitaler Aufbruch in der Wirtschaftsprüfung und Beratung 25
1. Digitale Technologie unterstützt Wirtschaftsprüfer 27
2. Analyse von Massenbelegen 27
4. Halo for SAP-Analyse 34
5. Fazit 37
6. Quellenverzeichnis 38

Prof. Dr. Jürgen Ernstberger
Technologien der Digitalisierung im Studium der Betriebswirtschaften: Das Forschungsprojekt EEBDA entwickelt eine virtuelle Lehrveranstaltung um Studierende auf die digitale Zukunft vorzubereiten 41
1. Einleitung 43
2. Digitale Herausforderungen und Ziele der Lehre 43
3. Didaktisches Konzept 45
4. Implementierung der Lehrinhalte 46
5. Zusammenfassung 48
6. Literaturverzeichnis 48

Dr. Markus Grottke, Dr. Joachim Schnurbus, Prof. Dr. Georg Herde
Fallen bei der Visualisierung von Big Data aus Praktiker-Sicht 51
1. Einführung 54
2. Typische Empfehlungen für Visualisierungen in der Praxis 55

3. Psychologisch bedingte blinde Flecke bei der Visualisierung von BD... 57
4. Diskussion und Zusammenfassung 62
Referenzen 63
Anhang 64

Prof. Dr. Oliver Thomas, Johannes Langhein, Dr. Andreas Kiesow, Sebastian Osada
Digitale Trends der Wirtschaftsprüfung 65
1. Einleitung 67
2. Industrie 4.0 68
3. Künstliche Intelligenz 70
4. Mobility 72
5. Cloud Computing 75
6. Hybride Wertschöpfung 78
7. Fazit und Ausblick 81
8. Literaturverzeichnis 82

Dr. Jürgen Himmelmann
Regulatorisch getriebene Datenanalyse im Finanzwesen (Zahlungsverkehr der Commerzbank) 87
1. Die Commerzbank in Kurzfassung 89
2. Komplexität und Big Data – was bedeutet das eigentlich? 89
3. Verschiedene Facetten der Komplexität 90
4. Was ist eigentlich ein „US-Monitor"? 92
5. Warum die Commerzbank als Gegenstand des „US-Monitors"? ... 93
6. Welche Methoden stehen im Kern der Betrachtung? 93
7. Welche Schwierigkeiten treten bei der Datenaufbereitung auf? 95
8. Technologische Entwicklungen im Zahlungsverkehr der Finanzbranche 96
Literatur 99

Dr. Wolfgang Pietsch
Von der Erkenntnistheorie zur Ethik von Big Data und maschinellem Lernen 101
1. Einleitung 103
2. Zur Erkenntnistheorie datenintensiver Wissenschaft 105
3. Von der Erkenntnistheorie datenintensiver Wissenschaft zur Ethik selbstlernender technischer Systeme 113
4. Zusammenfassung und Ausblick 120
5. Literaturverzeichnis 121

Digitalisierung in der Betriebsprüfung

Auswirkungen auf das Risikomanagement und Prüfungsmethoden

Dr. Martin Panek und Franz-Xaver Betz
Bayerisches Landesamt für Steuern und Betriebsprüfung

Inhaltsübersicht

1.	Digitalisierung der Steuerverwaltungsprozesse	11
1.1	Herausforderungen aufgrund der zunehmenden Digitalisierung	11
1.2	Risikomanagement und Amtsermittlungspflichten	12
1.3	Ziele des Risikomanagements in der Betriebsprüfung	12
2.	Risikomanagement im Vorfeld einer Betriebsprüfung (= Fallauswahl)	13
2.1	Fallsegmentierung	13
2.2	Ergebnis der Betriebsgrößenklasseneinteilung	15
2.3	Folgen der Betriebsgrößenklasseneinteilung	15
3.	Das Verfahren der automationsgestützten Fallauswahl	16
3.1	Relevante Betriebe für die maschinelle Fallauswahl	16
3.2	Zeitpunkt der maschinellen Fallauswahl	17
3.3	Methodik der maschinellen Fallauswahl	17
4.	Risikomanagement während einer Betriebsprüfung	18
4.1	Auswertung zur Verfügung stehender Informationen	18
4.2	Erlöserfassungssystem	19
4.3	Art und Weise der Aufzeichnungen	20
4.4	Manipulation der Primärdaten	21
4.5	Verwirklichung von Urkundsdelikten	21
4.6	Compliance	21
5.	Kassen-Nachschau	22
6.	Zusammenfassung	22

1. Digitalisierung der Steuerverwaltungsprozesse

Der Steuervollzug unterliegt einem laufenden Wandel aufgrund gesellschaftlicher und wirtschaftlicher Veränderungen sowie fortschreitender Technisierung und Digitalisierung der Arbeitsabläufe. Zu beobachten ist auch, dass dieser Wandel in den letzten Jahren erheblich an Geschwindigkeit gewonnen hat. Vor diesem Hintergrund hat das Bayerische Staatsministerium der Finanzen für Landesentwicklung und Heimat die Digitalisierung zu einem der TOP-Themen in der aktuellen Legislaturperiode erklärt.[1]

Durch den umfassenden Einsatz von IT in der Finanzverwaltung konnte nicht nur der Service zugunsten der Bürger verbessert, die Abgabe der Steuererklärungen vereinfacht und das Besteuerungsverfahren beschleunigt werden, sondern zugleich die Grundvoraussetzungen hin zu einer zunehmend digitalen Kommunikation zwischen Bürger und Finanzverwaltung geschaffen werden.[2] Darüber hinaus wird durch ansteigende Digitalisierungsprozesse ermöglicht, elektronische Steuerdaten in einem noch größeren Umfang als bisher maschinell zu überprüfen und die Quote derjenigen Steuererklärungen, die voll maschinell bearbeitet werden, weiter zu erhöhen.

Es gilt dennoch, die Digitalisierungsstrategien so auszugestalten, dass die Grundprinzipien des Besteuerungsverfahrens wie Rechtmäßigkeit, Gleichmäßigkeit und Verhältnismäßigkeit nach wie vor eingehalten werden können. Durch das Verifikationsprinzip ist zudem die Einhaltung von Gesetzesnormen durch sich am Kontrollbedürfnis ausrichtende Kontrollen sicherzustellen.

1.1 Herausforderungen aufgrund der zunehmenden Digitalisierung

Die oben genannten Rahmenbedingungen und die damit einhergehenden Digitalisierungsstrategien führen zu sich stetig und immer schneller verändernden externen und internen Arbeitsprozessen und -abläufen und stellen die Steuerverwaltung vor die große Herausforderung, eine zukunftsfähige Binnenstruktur zu entwickeln, in der ein einheitliches und aufgabenorientiertes Arbeiten dauerhaft sichergestellt ist. Hierzu ist es nötig, das Besteuerungsverfahren in Zukunft noch risikoorientierter auszugestalten. Das setzt wiederum ein funktionierendes Risikomanagement voraus, welches der Finanzverwaltung ermöglicht, ihre Ressourcen dort einzusetzen, wo sie am dringendsten benötigt werden. Das gilt auch für die Betriebsprüfungs-

---

[1] Vgl. https://www.stmflh.bayern.de/digitalisierung.
[2] Um dieses Ziel zu erreichen, hat die Finanzverwaltung beispielsweise bundesweit das Elster Verfahren (Elektronische Steuererklärung) eingeführt. Elster ermöglicht es den Bürgern, unter anderem Steuererklärungen und Steueranmeldungen über das Internet abzugeben.

stellen und dabei insbesondere Betriebsprüfer/-innen, die im Einzelfall vor der Herausforderung stehen, ermitteln zu müssen, an welchen Stellen steuerliche Ausfallrisiken tatsächlich bestehen.

1.2 Risikomanagement und Amtsermittlungspflichten

Die Finanzbehörden sind befugt, Art und Umfang der Maßnahmen selbst zu bestimmen, die sie für die Ermittlung des Sachverhalts im jeweiligen Einzelfall für erforderlich halten. Gem. § 88 Abs. 2 S. 2 AO[3] können bei der Entscheidung bzgl. der Art und des Umfangs der Ermittlungen, Erwägungen der Wirtschaftlichkeit und Zweckmäßigkeit berücksichtigt werden. Das Prinzip der Wirtschaftlichkeit ermöglicht es den Finanzbehörden, den Aufwand, der bei weitergehenden Sachverhaltsermittlungen entstehen würde, in ein angemessenes Verhältnis zum erwarteten Mehrergebnis oder Minderergebnis zu setzen.[4] Weitergehende Sachverhaltsermittlungen sind nur dann zweckmäßig, wenn sie aus materiell-rechtlicher Sicht erfolgsdienlich und sachgerecht sind.[5]

Auf die Betriebsprüfung übertragen, wirkt sich § 88 Abs. 2 S. 2 AO zum einen auf die Auswahl der Fälle aus, die auf den Prüfungsgeschäftsplan der Betriebsprüfungsstellen gesetzt werden. Zum anderen gibt § 88 Abs. 2 S. 2 AO vor, dass Wirtschaftlichkeits- und Zweckmäßigkeitserwägungen auch während der Durchführung von Betriebsprüfungen berücksichtigt werden sollen.

1.3 Ziele des Risikomanagements in der Betriebsprüfung

Ein Ziel des Risikomanagements in der Betriebsprüfung ist es, die Entdeckungswahrscheinlichkeit etwaiger Verstöße gegen Steuergesetze so weit wie möglich – auch mit Hilfe der EDV – zu erhöhen. Darüber hinaus soll das Risiko, dass im Rahmen von Betriebsprüfungen lediglich steuerrechtliche Bagatellverstöße aufgedeckt werden, minimiert werden. Die hierdurch eingesparten Ressourcen können dann Prüffällen zugewandt werden, in denen mit hohen steuerlichen Ausfällen gerechnet wird.

Um diese Ziele zu erreichen, muss nicht nur die Fallauswahl, sondern auch die im Rahmen der Betriebsprüfung eingesetzte Prüfungstechnik laufend angepasst und optimiert werden. Es reicht nicht mehr, allein auf den persönlichen Erfahrungsschatz der Betriebsprüfer/-innen zurückzugreifen. Vielmehr ist erforderlich, die inhaltlichen Risiken zu durchdringen und die Risikoursachen zu verstehen, um die

---

[3] AO = Abgabenordnung.
[4] Vgl. Baum in: AO - eKommentar, § 88 Rn. 26.
[5] Vgl. ebenda, § 88 Rn. 28.

Prüfer/-innen in die Lage zu versetzen, ggf. auch „widerstreitende" Risiken zielführend abzuwägen. Gleichzeitig wird den Betriebsprüfungsstellen durch dieses Vorgehen ermöglicht, ihr Personal noch bedarfsgerechter als bisher einzusetzen.

Im Folgenden soll daher das Risikomanagement in der Betriebsprüfung sowohl im Vorfeld als auch während einer Prüfungsmaßnahme dargestellt werden.

2. Risikomanagement im Vorfeld einer Betriebsprüfung (= Fallauswahl)

2.1 Fallsegmentierung

Das Risikomanagement im Vorfeld einer Betriebsprüfung beginnt mit einer umfangreichen (maschinellen) Segmentierung der Betriebe in Größenklassen und einzelne Betriebsarten. Zudem werden nach der aktuellen Einteilungssystematik weitere Gruppen von Steuerpflichtigen als sog. sonstige Fallarten erfasst und über diese z. B. dem Betriebsbestand der Großbetriebe zugeordnet. Die Gründe für eine so weitgehende Differenzierung der Betriebe in Größenklassen, Betriebsarten und sonstige Fallarten sind einerseits durch risikoorientiere Aspekte und andererseits durch den Umstand begründet, dass die Umsatz-Gewinn-Relation in den einzelnen Branchen/Betriebsarten erfahrungsgemäß sehr unterschiedlich ausfällt.

Die Grundlage der Betriebssegmentierung stellt das im Bundessteuerblatt veröffentlichte Einordnungstableau dar, welches alle 3 Jahre als Grundlage maschineller Einordnungsarbeiten fortgeschrieben wird (letztmalig zum 01.01.2016).

Einheitliche Abgrenzungsmerkmale für den 22. Prüfungsturnus (1.1.2016)				
BETRIEBSART[1)]	BETRIEBSMERKMALE in €	Großbetriebe (G)	Mittelbetriebe (M)	Kleinbetriebe (K)
		über		
Handelsbetriebe (H)	Umsatzerlöse oder	8.000.000	1.000.000	190.000
	steuerlicher Gewinn über	310.000	62.000	40.000
Fertigungsbetriebe (F)	Umsatzerlöse oder		560.000	190.000
	steuerlicher Gewinn über	280.000	62.000	40.000
Freie Berufe (FB)	Umsatzerlöse oder		920.000	190.000
	steuerlicher Gewinn über	650.000	150.000	40.000
Andere Leistungsbetriebe (AL)	Umsatzerlöse oder		840.000	190.000
	steuerlicher Gewinn über		70.000	40.000
Kreditinstitute (K)	Aktivvermögen oder		39.000.000	12.000.000
	steuerlicher Gewinn über		210.000	52.000
Versicherungsunternehmen Pensionskassen (V)	Jahresprämieneinnahmen über	33.000.000	5.500.000	2.000.000
Unterstützungskassen (U)				alle
Land und Forstwirtschaftliche Betriebe (LuF)	Wirtschaftswert der selbst- bewirt. Fläche oder		130.000	55.000
	steuerlicher Gewinn über		70.000	40.000
Sonstige Fallart (soweit nicht unter den Betriebsarten erfasst)	Erfassungsmerkmale	Erfassung in der Betriebskartei als Großbetrieb		
Verlustzuweisungsgesellschaften (VZG) und Bauherrengemeinschaften (BHG)	Personenzusammenschlüsse und Gesamtprojekte i. S. d. Nrn. 1.2 und 1.3 des BMF-Schreibens vom 13.07.1992, IV A 5 – S 0361 – 19/92 (BStBl I S. 404)	alle		
Bedeutende steuerbegünstigte Körperschaften und Berufsverbände (BKÖ)	Summe der Einnahmen	über 6.000.000		
Fälle mit bedeutenden Einkünften (bE)	Summe der positiven Einnahmen gem. § 2 Abs. 1 S. 1 Nrn. 4 – 7 EStG (keine Saldierung mit negativen Einkünften)	über 500.000		

[1)] Mittel-, Klein- und Kleinstbetriebe, die zugleich die Voraussetzungen für die Behandlung als sonstige Fallart erfüllen, sind **nur** dort zu erfassen.

Abbildung 1: Einheitliche Abgrenzungsmerkmale für den 22. Prüfungsturnus[6]

---

[6] Vgl. BMF-Schreiben vom 09.06.2015, IV A 4-S 1450/15/10001, BStBl. I 2015, S. 504.

Eine weitere Unterteilung der Risikogruppen erfolgt für verwaltungsinterne Zwecke ebenfalls maschinell. So wird z. B. bei Großbetrieben eine weitere Aufteilung in G1-, G2- und G3-Betriebe aus risikoorientierten Überlegungen vorgenommen.

2.2 Ergebnis der Betriebsgrößenklasseneinteilung

Das Ergebnis der Betriebssegmentierung stellt die Betriebskartei dar, die nach der Vorschrift des § 32 BpO[7] zu führen ist. Bundesweit weist der Datenbestand der Betriebskarteien der Finanzämter im 21. Prüfungsturnus insgesamt 7.920.418 Betriebe aus, wovon im Prüfungszeitraum vom 01.01.2015 bis 31.12.2015 193.573 Betriebe einer Außenprüfung zugeführt werden konnten. Dies entspricht einer Prüfungsquote von 2,4 %.

Größenklasse	gesamt	darunter geprüft	
	Anzahl	Anzahl	Anteil
Großbetriebe	196.402	41.886	21,3 %
Mittelbetriebe	820.778	52.159	6,4 %
Kleinbetriebe	1.214.853	39.126	3,2 %
Kleinstbetriebe	5.688.385	58.616	1,0 %
Summe	7.920.418	191.787	2,4 %

Abbildung 2: Anzahl der Betriebe nach Größenklassen für das Jahr 2015[8]
Quelle: Bundesministerium der Finanzen

2.3 Folgen der Betriebsgrößenklasseneinteilung

Die Zuweisung einer Betriebsgrößenklasse stellt den ersten Risikoindikator dar, der für den einzelnen Betrieb Auswirkung auf den Prüfungsaufgriff und die –häufigkeit haben kann. Denn der Prüfungszeitraum knüpft grds. an die vergebene Größenklasse an. So gilt für Großbetriebe und Konzernunternehmen i.S. der §§ 13 und 19 BpO das Prinzip der Anschlussprüfung, d. h. der Prüfungszeitraum soll an vorangegangene Prüfungszeiträume anschließen (§ 4 Abs. 2 BpO). Bei Großbetrieben sind in der Regel alle Besteuerungszeiträume einzubeziehen, für die Erklärungen vorliegen und Festsetzungsverjährungen noch nicht mit Sicherheit eingetreten sind. Dies gilt auch bei der erstmaligen Einstufung als G-Betrieb.

Für M-, K- und Kst-Betriebe wird das Ermessen durch § 4 Abs. 3 BpO eingeschränkt. Hier sollen nicht mehr als drei zusammenhängende Besteuerungszeiträu-

---

[7] BPO = Betriebsprüfungsordnung.
[8] Vgl. www.bundesfinanzministerium.de unter: Ergebnisse der steuerlichen Betriebsprüfung 2015.

me geprüft werden. Es liegt im Ermessen der Finanzbehörde, welche drei zusammenhängenden Jahre geprüft werden sollen. § 4 Abs. 3 S. 1 BpO bestimmt den Regel-Prüfungszeitraum und eröffnet damit die Möglichkeit, auch weniger als drei Prüfungszeiträume zu prüfen. Sog. "Jahresprüfungen" außerhalb des § 203 AO sind daher zulässig.

3. Das Verfahren der automationsgestützten Fallauswahl

Um die Effektivität der Betriebsprüfung weiter zu erhöhen, gilt es, die zu prüfenden Betriebe nicht nur schematisch in Betriebsgrößenklassen und Betriebsarten, sondern vor allem auch unter Beachtung der einzelfallbezogenen Risiken gezielt auszuwählen. Hierfür werden neben der maschinellen Betriebssegmentierung seit einiger Zeit automationsgestützte Risikomanagementsysteme in Finanzämtern eingesetzt. Damit wird die planmäßige Fallauswahl in der Betriebsprüfung, die bis vor einigen Jahren vorwiegend auf dem System der Größenklasseneinteilung beruhte, durch ein automationsgestütztes Risikomanagementsystem (=RMS-Bp) erweitert, welches ergänzend zur Auswahl prüfungswürdiger Betriebe herangezogen wird.

Das RMS-Bp ist als regelbasiertes Scoringsystem aufgebaut. Das Regelwerk besteht aus zahlreichen definierten Risikoregeln, anhand derer die Prüfungswürdigkeit des einzelnen Steuerfalles mittels EDV-Einsatzes abgeprüft wird. Die Risikoregeln existieren sowohl für den steuerfachlichen als auch für den sog. „Compliance"-Bereich. Das Betriebsgrößenklassensystem findet Berücksichtigung im Rahmen der Regeldefinitionen z. B. für Zwecke der Staffelung sog. Schwellenwerte und Abweichungsquoten.

Das der jeweiligen Risikoregel zugrunde liegende Steuerausfallrisiko wird mittels Risikopunkten bewertet, um eine Gewichtung bei der Risikoanalyse vornehmen zu können. Der Vergleich der Steuerfälle kann dann anhand der (aufsummierten) Gesamtrisikopunktzahl bzw. der Anzahl der Risikoregelanschläge je Fall (sog. Rankingliste) erfolgen.

Hervorzuheben ist an dieser Stelle aber auch, dass das hier dargestellte Fallauswahlverfahren weiterhin durch Zufallsauswahl, Selbstaufgriffe der Betriebsprüfung sowie Meldefälle ergänzt wird. Daneben werden auch anlassbezogen außerplanmäßige Prüfungen wie z. B. diverse Branchenprüfungen vorgenommen.

3.1 Relevante Betriebe für die maschinelle Fallauswahl

Die größte Prüfungsrelevanz aus steuerlicher Sicht wird den G1- und G2-Betrieben zuerkannt, die grds./zwingend im Anschluss, d. h. ohne prüfungsfreie Zeiträume, zu prüfen sind. Diese Betriebe fallen auch nicht in den Anwendungsbereich des maschinellen Risikofilters und werden allein Kraft der vergebenen Größenklasse in regelmäßigen Abständen im Rahmen der Außenprüfung geprüft. Eine andere Behandlung im Hinblick auf die Risikoträchtigkeit erfahren hingegen G3-, M-, K- und KSt-Betriebe. Diese fallen grds. in den Anwendungsbereich des maschinellen Risikofilters für die Betriebsprüfung. In diesem Betriebssegment sollen also die risikoträchtigsten Fälle automationsgestützt gefiltert und zur Prüfung vorgeschlagen werden.

3.2 Zeitpunkt der maschinellen Fallauswahl

Maschinelle Risikofilter für die Betriebsprüfung werden aktuell zumeist als reine Instrumente zur Fallauswahl eingesetzt. Die Zielsetzung ist aber, diese maschinellen Risikoauswahlverfahren der Betriebsprüfung in das Gesamtsystem der Datenverarbeitungs- und Risikomanagementsysteme innerhalb der Finanzverwaltung einzubinden (z. B. durch Verknüpfung mit dem Veranlagungsverfahren). Damit können die über dem Schwellenwert des maschinellen Risikofilters der Betriebsprüfung liegenden Fälle automatisch unter Vorbehalt der Nachprüfung veranlagt und auf den Prüfungsvorausplan gesetzt werden. Doppelarbeiten können vermieden und aufwändige Abläufe und Abstimmungsarbeiten zur Erstellung der Prüfungsgeschäftspläne weiter rationalisiert werden.

3.3 Methodik der maschinellen Fallauswahl

Regelbasierte maschinelle Risikofilter zur Fallauswahl kommen bereits in mehreren Ländern zum Einsatz und werden angesichts der stets steigenden Betriebszahlen immer wichtiger.[9] Methodisch sind diese Ansätze nicht zu beanstanden, denn erkennbare Alternativen sind derzeit nicht ersichtlich. Bisherige Erkenntnisse zeigen, dass regelbasierte Risikomanagementsysteme effektive Fallauswahl- und Informationssysteme sein können, insbesondere dann, wenn die Risikoregeln ausreichend differenziert und strukturiert sind, ein Branchenbezug hergestellt werden kann, die Gewichtung der Parameter zueinander ausgewogen ist, Compliance-Gesichtspunkte einbezogen werden und im Regelwerk regionale Besonderheiten berücksichtigt werden können.

Eine weitere wesentliche Voraussetzung ist eine ausreichende risikorelevante Datenbasis, d. h. die Verfügbarkeit und Granularität der Daten wie z. B. der Daten aus der E-Bilanz, der Gewinn- und Verlustrechnungen sowie Einnahmen-Überschuss-Rechnungen.

---

[9] Vgl. hierzu auch Punkt II. 2.

Zu berücksichtigen ist allerdings auch, dass in der praktischen Umsetzung es immer wieder Fälle gibt und geben wird, bei denen sich das tatsächliche Risiko nicht aus der Risikopunktzahl allein ableiten lässt oder Sachverhalte vorliegen, die sich nicht oder nicht vollständig im maschinellen Risikomanagement abbilden lassen (z. B. Schätzungsfälle, Konzernfälle etc.). Vielfach schränkt auch die tatsächlich vorhandene risikorelevante Datenbasis den möglichen Anwendungsbereich der maschinellen Risikofilter ein.

4. Risikomanagement während einer Betriebsprüfung

So wichtig das Risikomanagement im Vorfeld der Betriebsprüfung ist, endet seine Bedeutung nicht mit der abgeschlossenen Fallauswahl. Denn die Vorauswahl entbindet die Betriebsprüfer/-innen nicht von der Aufgabe, im jeweiligen Prüfungsfall die risikobehafteten Prüffelder unter Beachtung der Gesamtumstände konkret identifizieren zu müssen. Um diese Aufgabe effektiv erfüllen zu können, müssen Prüfern/-innen weitere Indikatoren und Hintergrundinformationen an die Hand gegeben werden, mit deren Hilfe ermittelt werden kann, wie hoch die Risiken bei bestimmten Sachverhalten im jeweiligen Einzelfall tatsächlich sind.

4.1 Auswertung zur Verfügung stehender Informationen

Ein erster Schritt zur Vornahme der Risikoeinschätzung ist, dass Prüfer-/innen im Rahmen der Vor-BP, die zur Verfügung stehenden Informationen auswerten.

Hierzu sollten die innerhalb der Finanzverwaltung vorhandenen Informationsmöglichkeiten genutzt werden. Dabei sollen insbesondere Akten des Innendienstes zu Rate gezogen werden. Weiterhin sollen übermittelte Kontrollmitteilungen ausgewertet werden, wobei insbesondere den Kontrollmitteilungen der Zentralstellen, wie z. B. der Sachgebietsleiter Risikomanagement oder der SZS[10], eine besondere Bedeutung beizumessen ist. So haben Prüfer-/innen bereits zu Beginn der Betriebsprüfung anhand der aus den Akten und Kontrollmitteilungen gewonnen Erkenntnissen die Möglichkeit festzulegen, an welchen Stellen zeitliche und inhaltliche Schwerpunkte der Betriebsprüfung gesetzt werden sollen. Darüber hinaus kann entschieden werden, welche Prüfungshandlungen in Abhängigkeit vom ermittelten Risiko vorzunehmen sind. In einzelnen Fällen kann es bereits in diesem frühen Stadium der Prüfung sinnvoll sein, flankierende Maßnahmen zu ergreifen und beispielsweise Informationen an weitere Stellen wie die Bußgeld- und Strafsachenstelle weiterzuleiten.

---

[10] Sondereinheit Zentrale Steueraufsicht.

Eine zweite Informationsmöglichkeit besteht in der Verwertung der vom Unternehmen selbst im Laufe der Betriebsprüfung zur Verfügung gestellten Daten und Unterlagen. Gleiches gilt für die von Dritten gem. §§ 200, 93 AO bereitgestellten Informationen.

Darüber hinaus stellen Internetrecherchen weitere Informationskanäle dar, um aktuelle Entwicklungen im zu prüfenden Unternehmen sachgerecht berücksichtigen zu können. Ferner bietet es sich an, auch im Laufe der Betriebsprüfung erneute Registerabfragen (wie z. B. Abfragen des Handelsregisters und Grundbuchabfragen) durchzuführen.

4.2 Erlöserfassungssystem

Ein weiterer Anhaltspunkt, der zur Vornahme der Risikobewertung herangezogen werden kann, ist das vom Steuerpflichtigen verwendete Erlöserfassungssystem. In diesem Zusammenhang kommt den Mechanismen, mit denen die Vollständigkeit der Aufzeichnungen gewährleistet und die Nichterfassung von Erlösminderungen verhindert werden soll, entscheidende Bedeutung zu. Untersucht werden muss vor allem, ob nachträgliche Veränderungen der Aufzeichnungen technisch möglich sind. Wird diese Frage bejaht, muss zugleich ermittelt werden, ob die Änderungen vom eingesetzten System nachvollziehbar dokumentiert werden.

Risikomindernd wirkt sich aus, wenn ein Erlöserfassungssystem verwendet wird, das die eingetretenen Geschäftsvorfälle präzise und vollständig dokumentiert. Zu einer weiteren Minderung der Risikoeinschätzung können außerdem die vom System selbst erzeugten Aufzeichnungen führen. Das gilt jedenfalls dann, wenn die Aufzeichnungen bei der Betriebsprüfung bis auf die erste Erfassungsebene (=Grundaufzeichnungsebene) vorgelegt werden können und darüber hinaus die Summenbildung und Prüfspur nachvollziehbar dokumentiert sind.[11]

Etwas anderes gilt hingegen, wenn Erlöserfassungssysteme verwendet werden, die keine Gewähr für die Vollständigkeit der erfassten Geschäftsvorfälle bieten. Das ist beispielsweise der Fall, wenn die Anzahl der verkauften Produkte mittels Strichliste dokumentiert wird. Auch die Erlösermittlung mittels Kassensturz bietet etliche Manipulationsmöglichkeiten (=Differenz des Kassenstandes am Ende des Tages zum Kassenstand des Vortags, wobei Entnahmen und Einlagen berücksichtigt werden).[12]

---

[11] Huber, Der Problembereich Einnahmen/Erlöse bei Betriebsprüfungen im Blickpunkt der Risikoanalyse, S. 1 (4).
[12] Huber StBp 2009, 153 (160).

4.3 Art und Weise der Aufzeichnungen

Neben dem verwendeten Erlöserfassungssystem kann des Weiteren der Art und Weise, in der die Aufzeichnungen geführt werden, indizielle Bedeutung für die Risikoprognose zukommen. Die vollständige und richtige Erfassung der erzielten Betriebseinnahmen ist ein wichtiges Indiz dafür, dass die gegenüber dem Finanzamt gemachten Angaben wahrheitsgemäß sind.

Auf einen risikobehafteten Fall kann es hingegen hindeuten, wenn die Betriebseinnahmen unsystematisch erfasst worden sind. Das kann dadurch zum Ausdruck kommen, dass die Tageseinnahmen erfunden oder geschätzt wurden. Gleiches gilt, wenn Entnahmen aus der Kasse erfolgt sind, ohne dass hierüber Aufzeichnungen geführt wurden.

Die unvollständige Erfassung von Betriebseinnahmen kann ihren Ursprung darin haben, dass der Wert der verkauften Wirtschaftsgüter bei gleichbleibender Menge verkürzt worden ist (sog. Wertverkürzung). Eine weitere Möglichkeit besteht darin, dass verkaufte Wirtschaftsgüter nachträglich aus den Aufzeichnungen gestrichen werden, was zur Folge hat, dass sich die in den Büchern ausgewiesene Anzahl der verkauften Wirtschaftsgüter reduziert (sog. Positionsverkürzung).

Risikoerhöhend kann sich in diesem Zusammenhang ebenfalls auswirken, wenn die Aufzeichnungsdaten von minderer Aufzeichnungstiefe sind. Das gilt jedenfalls dann, wenn im Rahmen der Betriebsprüfung komprimierte und zusammengefasste Daten vorgelegt werden. Diese Daten können nämlich unter Umständen so verdichtet sein, dass keine vertiefte Analyse der Massendaten und Detailaufzeichnungen erfolgen kann. Eine Überprüfung, ob die vorgelegten Zahlen in sich schlüssig sind, ist in solchen Fällen somit nicht möglich.

Zweifel an der Vollständigkeit der Aufzeichnungen können darüber hinaus aufkommen, wenn die vom System erzeugten Aufzeichnungen nicht vollständig oder nicht nachvollziehbar sind. Gleiches gilt, wenn der Einsatz von Zappern oder sonstiger Manipulationssoftware nachgewiesen werden kann. Bewegt sich die Buchführung im Grenzbereich zwischen Ordnungsmäßigkeit und Ordnungswidrigkeit und bestehen Anzeichen dafür, dass die Buchführung bewusst undurchsichtig gestaltet worden ist, spricht vieles dafür, dass der Prüffall erhebliche Risiken beinhaltet. Dieser Verdacht verstärkt sich weiter, wenn im Laufe der Prüfung festgestellt wird, dass der bei den Geschäftsvorfällen anfallende Zahlungsverkehr überwiegend in Bar abgewickelt worden ist. Denn diese Art der Abwicklung von Geschäftsvorfällen ermöglicht den Stpfl., ohne größeren Aufwand einzelne Geschäftsvorfälle undokumentiert zu lassen.

Entsprechendes gilt, wenn die Übernahme der Daten und Zahlen aus der Erlöserfassung in die Buchführung in den Zuständigkeitsbereich einzelner oder weniger Personen fällt. Bei einer solchen Betriebsorganisation kann es vorkommen, dass die zuständigen Personen Manipulationen begehen, ohne dass die sonstigen Betriebsangehörigen hiervon Kenntnis erlangen.

4.4 Manipulation der Primärdaten

Ein weiteres risikoerhöhendes Moment liegt vor, wenn während der Prüfung festgestellt wird, dass Primärdaten (=Ersterfassung von Geschäftsvorfällen) nicht mehr erhalten sind. Mögliche Erklärungen für das Fehlen der Primärdaten können unter anderem die Vernichtung, Speicherprobleme oder eine angebliche Selbstzerstörung sein. Auch wenn sich der Steuerpflichtige darauf beruft, nicht zu wissen, wo sich die Daten befinden oder was mit den Daten geschehen ist, deutet dies auf ein hohes Risiko des Steuerfalls hin.

Risikoerhöhende Verdachtsmomente liegen weiterhin vor, wenn sich herausstellt, dass Aufzeichnungen vorgelegt werden, die zeitlich nach den Grundaufzeichnungen erstellt wurden. Hierzu kann es unter anderem bei Kassenberichten und manipulierten EDV-Journalen kommen.

4.5 Verwirklichung von Urkundsdelikten

Ein erhebliches Indiz dafür, dass ein Fall an bestimmten Stellen vertieft geprüft werden soll, ist das Vorhandensein von nicht ordnungsgemäßen Rechnungen und sonstigen Dokumenten. Insbesondere bei Urkundenfälschungen (§ 267 StGB) oder Urkundenunterdrückungen (§ 274 StGB) liegen hohe Prüfungsrisiken vor.

Ist der Steuerpflichtige bereit, geschäftliche Dokumente zu verändern oder zu fälschen, verstärkt dies den Verdacht, dass auch in anderen Bereichen unsauber gearbeitet wurde. Darüber hinaus ist in solchen Fällen das Anfertigen von Kontrollmaterial zielführend, um ein etwaiges kollusives Zusammenwirken vom Rechnungsaussteller und Rechnungsempfänger aufzudecken.

4.6 Compliance

Ein weiteres Risikoindiz kann der Compliance-Faktor sein. Als Compliance bezeichnet man im Risikomanagement der Steuerverwaltung den Willen der Steuerpflichtigen, ihre fiskalischen Verpflichtungen gegenüber dem Fiskus zu erfüllen. Der Mitwirkungs- und Kooperationsbereitschaft der Steuerpflichtigen kommt insoweit eine wichtige Bedeutung zu.

Ein positives Compliance-Verhalten der Steuerpflichtigen kommt u. a. durch die engagierte Mitwirkung an der Durchführung des Besteuerungsverfahrens, die aktive Unterstützung des Prüfers und die problemlose Vorlage der benötigen Daten und Prüfungsunterlagen zum Ausdruck. Die aktive Mitwirkung an Vorbereitung und Durchführung der Betriebsprüfung ist daher ein risikominderndes Indiz.

Eine risikoerhöhende Wirkung kann das Verhalten der Steuerpflichtigen hingegen haben, wenn sie sich non-compliant verhalten. Dies kann z. B. durch die auffallende Nichtunterstützung des Prüfers und die unterlassene oder verzögerte Mitwirkung an der Herausgabe von Unterlagen zum Ausdruck kommen. Ein weiteres – gegen die steuerliche Zuverlässigkeit des Steuerpflichtigen sprechendes Indiz – ist die Nichtabgabe oder nicht fristgerechte Abgabe der jeweiligen Steuererklärung. Gleiches gilt, wenn Schätzungsbescheide gegen den Steuerpflichtigen bekannt gegeben werden müssen.

5. Kassen-Nachschau

Abschließend soll noch ein weiteres, neues Instrument zur Aufdeckung der hier beschriebenen Manipulationen, nämlich die sog. Kassen-Nachschau erwähnt werden, die ab dem 01.01.2018 durchgeführt werden kann. Bei der in § 146b AO normierten Kassennachschau handelt es sich um ein eigenständiges Verfahren zur Prüfung der Ordnungsmäßigkeit der Aufzeichnungen und Buchungen von Kasseneinnahmen und Kassenausgaben. Sie ist ohne Ankündigung während der üblichen Geschäftszeiten durchzuführen.

Der Kassennachschau ist – als Instrument des Risikomanagements – ein hoher Stellenwert einzuräumen. Das gilt insbesondere, wenn die Kassennachschau im Vorfeld einer regulären Außenprüfung durchgeführt wird. Denn anhand der gesicherten Kassendaten können die zuständigen Amtsträger recht zeitnahe eine erste Risikoeinschätzung vornehmen. Außerdem wird den Prüfern/-innen die Möglichkeit eröffnet, bereits im Rahmen der Vor-Bp zu entscheiden, an welchen Stellen der nachfolgenden Prüfung Schwerpunkte gesetzt werden sollen.

6. Zusammenfassung

Der Steuervollzug ist kontinuierlichen Veränderungen ausgesetzt. Zu nennen sind hier vor allem die strukturellen, technischen und rechtlichen Rahmenbedingungen, die ständige Anpassungsprozesse auslösen. Enorme Herausforderungen resultieren in diesem Zusammenhang im Besonderen aus der Dynamik und dem Grad der sich kontinuierlich erhöhenden Komplexität der zunehmend digitalen Verarbeitungsprozesse und zu verwaltenden Massendaten.

Die externen Einflussgrößen haben bereits zur erheblichen Veränderung bisheriger Arbeitsformen und -strukturen einzelner Arbeitsbereiche in der Steuerverwaltung geführt, wobei viele Anpassungsprozesse bei Weitem noch nicht abgeschlossen sind.

Im Bereich der Betriebsprüfung, deren Hauptaufgabe die Sicherstellung einer gleichmäßigen und gesetzmäßigen Besteuerung ist, lassen sich die Veränderungen in allen Teilsegmenten des Workflows eindrucksvoll nachzeichnen, da hier einerseits die Verfahren zur Betriebsverwaltung und Fallauswahl und andererseits die Prüfmethodik wie auch die Prüfansätze betroffen sind.

Vor diesem Hintergrund steht die Steuerverwaltung vor der fortwährenden Herausforderung, bestehende Risikomanagementprozesse und Prüfungsmethoden in allen Bereichen weiter auszubauen und zu verfeinern, um einen sich am bestehenden Risiko orientierenden und effektiven Steuervollzug gewährleisten zu können.

Digitaler Aufbruch in der Wirtschaftsprüfung und Beratung

Christian Bartmann
PricewaterhouseCoopers GmbH Wirtschaftsprüfungsgesellschaft

Prof. Dr. Andreas Hufgard
Hochschule Aschaffenburg

Dr. Stephan Streller
IBIS Prof. Thome AG

Vanessa Weltner
IBIS Prof. Thome AG

Inhaltsübersicht

1.	Digitale Technologie unterstützt Wirtschaftsprüfer	27
2.	Analyse von Massenbelegen	27
2.1	Prüfung von digitalen Daten	29
2.2	Einordnung der Halo for SAP-Analyse	29
3.	Buchführung im SAP-System	32
3.1	Die Hauptbuchhaltung	32
3.2	Buchhaltungsbelege	33
4.	Halo for SAP-Analyse	34
4.1	RBE Plus Technologie	34
4.2	Validierung und Ergebnisse	36
5.	Fazit	37
6.	Quellenverzeichnis	38

1. Digitale Technologie unterstützt Wirtschaftsprüfer

Die Digitalisierung schreitet unaufhaltsam voran. Davon lässt sich auch die Wirtschaftsprüfung inspirieren und geht neue Wege. Eine der führenden deutschen Wirtschaftsprüfungsgesellschaften – PwC Deutschland – ist hierzu eine strategische Partnerschaft mit der IBIS Prof. Thome AG eingegangen, mit dem Ziel, die Qualität der Abschlussprüfung mithilfe digitaler Technologien weiter zu steigern und innovative technologische Lösungen gemeinsam zu entwickeln.

„Als führende Wirtschaftsprüfungsgesellschaft wollen wir unseren Mandanten die innovativsten Prüfungsmethoden anbieten. Dank der Kooperation mit IBIS können wir mit unserer gemeinsam entwickelten Lösung ‚Halo for SAP' nun erstmals umfassend sämtliche Daten des zu prüfenden Unternehmens analysieren und entwickeln die Prüfung so entscheidend weiter. Dadurch bauen wir unsere Technologieführerschaft in der Wirtschaftsprüfung aus, steigern die Qualität unserer Prüfungsleistung noch weiter und schaffen einen Mehrwert für unsere Mandanten", sagt Harald Kayser, COO & CDO bei der Wirtschaftsprüfungs- und Beratungsgesellschaft PricewaterhouseCoopers GmbH Wirtschaftsprüfungsgesellschaft.

Halo for SAP basiert auf der von der IBIS Prof. Thome AG entwickelten Reverse Business Engineering Methodik sowie der RBE Plus Technologie, wodurch Wirtschaftsprüfer Geschäftsvorgänge schneller und sicherer analysieren können als jemals zuvor. Die Identifikation kritischer Prüfbereiche kann so entscheidend verbessert werden. (PwC AG, 2015)

2. Analyse von Massenbelegen

Im Bereich der Wirtschaftsprüfung treten im Zuge der Digitalisierung auch bei der Planung und der Durchführung neue Herausforderungen auf. Es sind nie dagewesene Datenmengen entstanden, die eine Neuausrichtung der Prüfungstechnik erfordern. Ein Risiko, das auch als Chance gesehen werden kann. Wird die Digitalisierung richtig genutzt, ermöglicht diese automatische und datengestützte Prüfungshandlungen entlang der gesamten Prozesskette. An dieser Stelle setzt die Datenanalyse an und gewinnt daher, im Vergleich zu den bestehenden Prüfungsmethoden, zunehmend an Stellenwert. Mithilfe digitaler Analysen können Massendaten zielgerichtet und risikoorientiert untersucht werden, sodass eine wesentlich höhere Prüfungssicherheit erreicht und zudem ein höherer Nutzen aus den Informationen gewonnen werden (Kündig, 2016, S. 227f.; Jansen & Goldshteyn, kein Datum).

Die von der IBIS Prof. Thome AG in Zusammenarbeit mit der PwC GmbH WPG entwickelte HALO for SAP-Analyse mit RBE+ ist in den Bereich der digitalen

Massendatenanalyse einzuordnen. Im Fokus stehen digitale Belege und Stammdaten eines SAP-ERP-Systems. Der Jahresabschluss wird auf der Grundlage von Buchhaltungsbelegen erstellt, welche im heutigen Zeitalter digital im Unternehmen vorliegen. Die HALO for SAP-Analyse wird daher speziell für eine Untersuchung der buchhaltungsrelevanten Daten entwickelt und soll den Prüfer bei der steigenden Flut an Belegen sinnvoll unterstützen. Ziel dabei ist die **Identifikation und Bewertung von prüfungsrelevanten Belegen**.

Vor allem im Bereich der Massendatenanalyse ist es nicht sinnvoll, grundsätzlich alle Daten zu prüfen. Durch **risikoorientierte Fragestellungen** müssen diejenigen Vorgänge bestimmt werden, bei denen die Wahrscheinlichkeit für Unregelmäßigkeiten am größten ist. Genau die Auffälligkeiten sind anschließend auf der Ebene des Einzelbeleges zu untersuchen.

Letzten Endes stehen dem Prüfer die Ergebnisse der HALO for SAP-Analyse in Form von aufbereiteten Grafiken und Tabellen zur Verfügung.

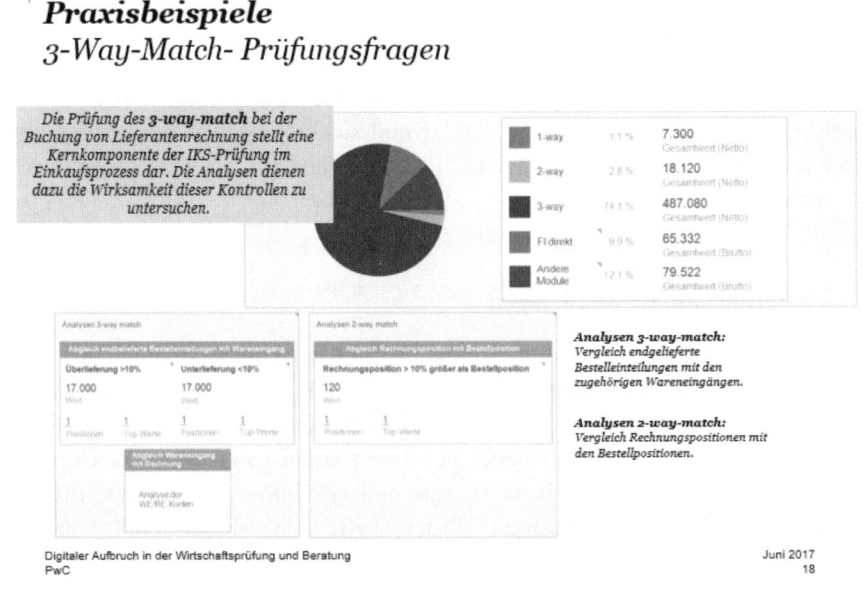

Abbildung 1: Beispielergebnis aus einer Halo for SAP Analyse (Bartmann & Streller, 2017)

Halo for SAP bietet auch Antworten auf konkrete Fragestellungen, z. B. nach Verstößen gegen die Funktionstrennung. Im Prüfalgorithmus ist eine Abfrage implementiert nach Anwendern, die für denselben Geschäftsvorfall kritische Kombinationen von Tätigkeiten ausgeführt haben. In der Analyse kann z. B. identifiziert werden, in wie vielen Fällen Bestellung und Wareneingang von einer Person verbucht wurden. Der Gesamtwert der Geschäftsvorfälle wird angegeben. Für die größten Positionen sind die Top-Werte direkt aufrufbar.

2.1 Prüfung von digitalen Daten

Der Digitalisierung stehen die Formalziele einer Jahresabschlussprüfung gegenüber, deren oberste Priorität nach wie vor das Herbeiführen eines verlässlichen Prüfungsurteils ist. Die Zielerreichung wird jedoch nicht nur durch die Zunahme von zu prüfenden Unterlagen erschwert, sondern auch durch steigende regulatorische Anforderungen sowie einen verschärften Wettbewerb auf dem Prüfungsmarkt. Als Folge bedarf es einer Anpassung der Prüfungsmethodik, um auch weiterhin den gesetzlichen Vorgaben zu entsprechen. Adäquate Prüfungstechniken sind bei einem Datenvolumen, das heutzutage schnell eine Größe von **mehreren Millionen Datensätzen** erreichen kann, besonders wichtig. Andernfalls werden aufgrund der Massen an Daten womöglich Unregelmäßigkeiten oder Abweichungen nicht erkannt (Goldshteyn, Gabriel, & Thelen, 2013, S. 1f.; Keller, 2009, S. 89).

Das Institut für Wirtschaftsprüfer in Deutschland e.V. (IDW) verabschiedete aufgrund der Tatsache, dass die Datenmengen manuell nicht mehr zu bewältigen sind, entsprechende Standards und Richtlinien. Die Massendatenanalyse wird hierbei besonders hervorgehoben, da diese enorm zu einer effektiven und effizienten Prüfungsdurchführung beiträgt. Trotz der Notwendigkeit und der Vorteile von Massendatenanalysen bestehen Hemmungen in der Anwendung sowie der Integration in den geschäftsprozessorientierten Prüfungsansatz. Prüfer haben oft nur wenig Erfahrung auf diesem Gebiet. Zudem wissen sie nicht, wie notwendige Daten extrahiert und aufbereitet werden können (Goldshteyn, Gabriel, & Thelen, 2013, S. 2).

2.2 Einordnung der Halo for SAP-Analyse

Die entwickelte Halo for SAP-Analyse wird im Rahmen der Jahresabschlussprüfung eingesetzt und beinhaltet umfangreiche Analysen in fast allen Bereichen eines ERP-Systems. Vor diesem Hintergrund ist es wichtig, die generelle Vorgehensweise bei einer solchen risikoorientierten Prüfung zu beschreiben, um dadurch die zentrale Stellung der Prozess- und Systemprüfung herauszuarbeiten.

Das Ziel der Wirtschaftlichkeit und Sparsamkeit sollten nicht nur die zu prüfenden Unternehmen anstreben, auch die Prüfer selbst sind diesem Grundsatz verpflichtet. Prüfungshandlungen sind daher so zu gestalten, dass sie, am Ziel und Zweck der Prüfung ausgerichtet, die notwendigen Tätigkeiten auf den erforderlichen Umfang beschränken. Gleichzeitig dürfen diese begrenzten Prüfungshandlungen aber wesentliche Fehler oder auch falsche Darstellungen nicht unentdeckt lassen. Eine standardisierte Vorgehensweise, die keine risikoorientierten Unterschiede zwischen einzelnen Prüfungsobjekten macht, ist daher wenig zielführend.

Der heutzutage international verfolgte Ansatz lautet daher, diejenigen Bereiche intensiver zu prüfen, bei denen im Vorfeld hohe inhärente Risiken festgestellt wurden. Prüfungsbereiche, die als weniger risikobehaftet eingeschätzt werden, werden dagegen auch weniger intensiv geprüft. Ein solches systematisches Vorgehen wird risikoorientierter Prüfungsansatz genannt (Wysocky, 2003, S. 140).

Die Prozess- und Systemprüfung ist deshalb von zentraler Bedeutung, da bei einem risikoorientierten Vorgehen zunächst mit einer Analyse des Umfelds und der Wirksamkeit interner Kontrollen begonnen wird. Diese helfen Risiken zu verhindern bzw. zumindest frühzeitig aufzudecken. Kommt die Prozess- und Systemprüfung dabei zum Ergebnis, dass die implementierten Maßnahmen unzureichend sind, wird die Prüfung in den entsprechenden Bereichen intensiviert und durch Einzelfallprüfungen ausgeweitet.

An dieser Stelle sei auch darauf hingewiesen, dass ein solcher Ansatz nicht alleinig auf die Risiken der geprüften Unternehmen ausgerichtet ist, sondern ein solches Vorgehen gleichzeitig die Möglichkeit bietet das Risiko der Prüfer, wesentliche Fehler zu übersehen, reduziert. Dies ist insofern von Bedeutung, da ein Wirtschaftsprüfer für seine Tätigkeit haftet und bei Verstößen gegen die Sorgfaltspflicht in Regress genommen werden kann.

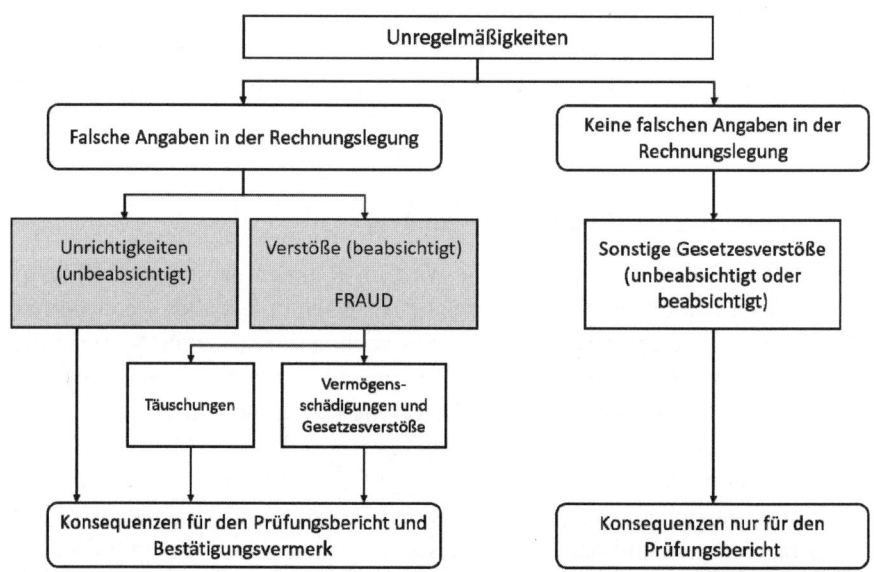

Abbildung 2: Unregelmäßigkeiten in der Wirtschaftsprüfung (in Anlehnung an (Stegmann, 2014, S. 151))

Falsche Angaben in der Rechnungslegung, ob beabsichtigt oder unbeabsichtigt, führen in jedem Fall zu Konsequenzen, unter anderem auch im Prüfungsbericht und im Bestätigungsvermerk. Beabsichtigte Verstöße werden auch als Fraud bezeichnet und beinhalten Vermögensschädigungen und Verstöße gegen das Gesetz (Stegmann, 2014, S. 151).

In Abbildung 2 wird ein grundlegender Überblick über auftretende Unregelmäßigkeiten in der Wirtschaftsprüfung gegeben. Aufgabe des Prüfers ist es, diese Unregelmäßigkeiten, sofern es welche gibt, aufzudecken und entsprechende Konsequenzen einzuleiten. Da IT-Systeme einen Großteil der Unternehmensprozesse abbilden, spiegeln diese auch wider, wenn es zu Verstößen oder Abweichungen kommt (Merkur, 2013). Um genau diese aufzuspüren, werden bei der Halo for SAP-Analyse das SAP ERP-System regelbasiert und anhand einer gezielten Fragestellung automatisiert untersucht.

Heutzutage werden viele Prüfungen wie das sogenannte Journal Entry Testing noch häufig manuell, das heißt ohne Hilfe einer speziell entwickelten digitalen Datenanalyse, durchgeführt. Da auch die elektronischen Belege durch den vermehrten Einsatz von IT-Systemen ansteigen, ist eine automatisierte Analyse im Sinne der Prüfung von Massendaten zunehmend unerlässlich. Mithilfe spezieller Prüfsoftware, wie ACL und IDEA, kann ein Prüfer zwar sämtliche Belege eines Systems analysieren, allerdings ist hierfür auch komplexes Wissen notwendig. Beispielsweise muss dieser die Daten selbst aus dem System extrahieren, was ein tiefes Verständnis der einzelnen zu analysierenden Datenfelder und -strukturen voraussetzt. Des Weiteren ist es bei Massendatenanalysen nicht sinnvoll, eine vollständige und einzelbezogene Untersuchung des gesamten Prüfungsstoffs durchzuführen. Bei der Halo for SAP-Analyse ist es daher zunächst erforderlich festzustellen, welche Daten aus dem ERP-System tatsächlich für eine Vollprüfung aus dem System extrahiert werden müssen. Die Auswahl der im Detail zu analysierenden Daten ist demnach entscheidend. Der meist verwendete Ansatz, der sich aus dem IDW Prüfungsstandard ableiten lässt, ist die **risikoorientierte Vorgehensweise** (Köster, Kuschel, & Ribbert, 2010). Bei diesem Prüfungsansatz muss mindestens eine **konkrete Fragestellung** existieren, unter deren Blickwinkel der **Datenbestand analysiert** werden soll. Ziel ist es, die Anzahl der Daten bei der Suche nach Auffälligkeiten zu reduzieren, indem **Kriterien für den Ausschluss von Daten ohne Auffälligkeiten** entwickelt werden. Sind die Fragestellungen geklärt, sowie Kriterien gefunden, müssen die für eine Analyse notwendigen Datenfelder im System identifiziert werden. Anschließend ist eine Extraktion der relevanten Daten möglich (Keller, 2009, S. 92ff.).

Die konkrete Fragestellung für die Entwicklung der Halo for SAP-Analyse ist, welche Buchhaltungsbelege für eine Analyse grundsätzlich relevant sind und welche im Vorfeld bereits ausgeschlossen werden können. Als nicht relevant gelten diejenigen Belege, die technisch oder inhaltlich von betrügerischen Handlungen befreit sind. Dazu zählen alle, die **nicht durch eine reelle Person selbst manipuliert,** das heißt geändert, werden können. Um herauszufinden, wie eine Identifikation dieser Belege im System möglich ist, müssen die Datenfelder von einem Beleg im Detail untersucht werden.

3. Buchführung im SAP-System

Die Halo for SAP-Analyse wurde speziell für eine Untersuchung der Prozesse und Belege von Unternehmen entwickelt, die die Standardsoftware SAP ERP oder S/4HANA der SAP SE im Einsatz haben. Im Jahr 2013 hielt die SAP SE mit ihrer ERP-Software deutschlandweit einen am Umsatz orientierten Marktanteil von 54,9 % und war damit führender Anbieter mit einem großen Abstand zu Microsoft mit 7,7 % (Gartner, 2014).

3.1 Die Hauptbuchhaltung

Kernaufgabe der Hauptbuchhaltung ist es, das gesamte externe Rechnungswesen und die dazugehörigen Konten abzubilden. Durch das betriebswirtschaftlich integrierte Softwaresystem und die Sammlung aller Geschäftsvorfälle ist die Kontenführung zu jedem Zeitpunkt vollständig und abgestimmt (Forsthuber & Siebert, 2010, S. 39).

In Deutschland hat ein Abschlussprüfer nach § 316 HGB den Jahresabschluss und nach § 317 HGB die Buchführung zu prüfen. Des Weiteren muss dieser in einem Bestätigungsvermerk erklären, ob der Jahresabschluss und die Buchführung den Grundsätzen ordnungsgemäßer Buchführung entsprechen. Diese Gesetze beziehen sich auf alle mittelgroßen und großen Kapitalgesellschaften (Chuprunov, 2012, S. 66). Da die Finanzberichterstattung IT-basiert abläuft, würde ein Fehler im Jahresabschluss möglicherweise bedeuten, dass ein Fehler im Informationssystem vorliegt (Chuprunov, 2012, S. 69).

Für Software-Systeme wie SAP ERP, welche großflächigen Einsatz in den Unternehmen finden, liegt ein Zertifikat nach IDW PS 880 vor, das die ordnungsgemäße Verarbeitung von Geschäftsvorfällen bescheinigt (Arens, Heelein, & Schmittwilken, 2010, S. 4; Chuprunov, 2012, S. 118). Im Falle des SAP ERPs hat sich die SAP SE die Ordnungsmäßigkeit der Funktionalität der Finanzbuchhaltung durch die Deloitte und Touche GmbH Wirtschaftsprüfungsgesellschaft bestätigen lassen (Munzel & Munzel, 2012, S. 28f.).

Für die Entwicklung der Beleganalyse in Bezug auf das SAP ERP bedeutet das, dass die Verarbeitung von Belegen systemseitig einwandfrei funktioniert. Bei der Auswahl der Datenfelder wird sich daher auf die korrekte Funktionalität und Einhaltung der Grundsätzen ordnungsmäßiger Buchführung (**GoB**) sowie der Grundsätze ordnungsmäßiger DV-gestützter Buchführungssysteme (**GoBS**) von Seiten des Systems ausgegangen.

3.2 Buchhaltungsbelege

Belege bilden die Verarbeitungsgrundlage und die Dokumentation einzelner Geschäftsvorfälle in einem SAP-System. So ist jeder Geschäftsvorfall als Buchungsbeleg im System abgelegt und kann jederzeit nachvollzogen werden. Ein Beleg hat eine eindeutige Belegnummer, einen einheitlichen Belegaufbau und definierte Buchungsregeln. Diese Kriterien sowie formale und inhaltliche Überprüfungen stellen sicher, dass jeder Beleg nur vollständig im System gebucht werden kann (Forsthuber & Siebert, 2010, S. 67). Vollständig sind alle Belege, bei denen der Saldo von Soll- und Haben-Positionen Null ergibt und bestimme Felder (Muss-Felder) gepflegt sind (Munzel & Munzel, 2012, S. 123). Die beschriebenen Eigenschaften bilden zusammen das sogenannte Belegprinzip. Das SAP-System orientiert sich durchgängig an diesem Prinzip.

Ein durchgängiges Belegprinzip ist wichtig, damit sichergestellt werden kann, dass buchungsrelevante Vorgänge über alle integrierten Systeme hinweg miteinander verbunden sind. Auch Summendaten lassen sich dadurch bis zum Einzelbeleg auflösen (Forsthuber & Siebert, 2010, S. 68).

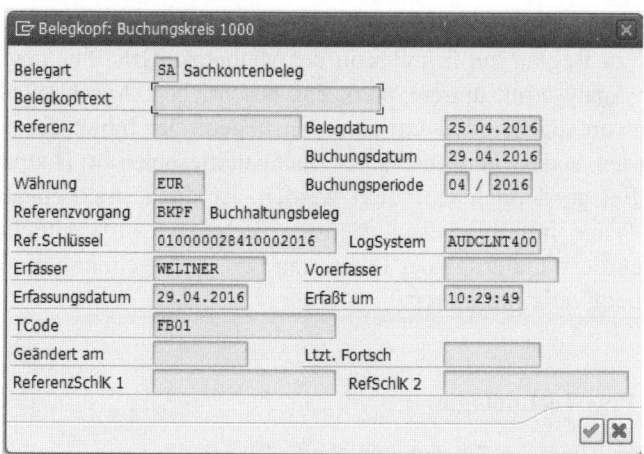

Abbildung 3: Belegkopf eines Sachkontenbeleges im SAP-System (SAP SE, SAP ERP 6.0, 2016)

Um im Sinne der Beleganalyse massenweise von diesen Belegen analysieren zu können, wird eine Tabelle benötigt, in der die Beleginformationen von jedem im System gebuchten Beleg enthalten sind. Welche Felder im Fokus stehen, variiert je nach Analyseziel.

Die Ergebnisse der Untersuchungen zeigen, dass die meisten Felder entweder Muss-Felder sind oder systemseitig vergeben werden. Das Resultat begünstigt eine Analyse auf Basis dieser Felder und unterstützt die Aussagekraft der Inhalte.

4. Halo for SAP-Analyse

Ergebnis der Systemuntersuchung der Experten der IBIS Prof. Thome AG in Kooperation mit der PwC GmbH war die Identifikation von Daten, die für eine Analyse von Prozessen und Belegen geeignet sind.

Hierfür war eine detaillierte Untersuchung der Belege, vieler Tabellen sowie der darin enthaltenen Felder notwendig. Die identifizierten Datenfelder und gefundenen Kriterien bilden nun die Grundlage für eine Klassifizierung und regelbasierte Einteilung der Halo for SAP-Analyse. Es gilt herauszufinden, welche Buchungen bei einer Prüfung auf Ebene des Einzelbeleges untersucht werden müssen und welche von betrügerischen Handlungen nahezu befreit sind. Letztere können bei einer Analyse nur aggregiert aus den Systemen abgezogen werden. Mithilfe der aufgestellten Regeln wird sichergestellt, dass bei der Analyse die Belege vollständig sind und zudem kein Beleg doppelt geprüft wird.

Die Umsetzung beinhaltet unter anderem die Entwicklung von Extraktoren, die die definierten Belege der jeweiligen Klassen aus einem SAP-System extrahieren. Hierfür wird zu Beginn ein Einblick in die Methodik RBE Plus gegeben und der Ablauf einer Analyse mit diesem Werkzeug beschrieben. Anschließend erfolgt die Entwicklung von sogenannten Extraktanweisungen. Der Inhalt dieser muss exakt definiert werden, sodass kein relevanter Buchhaltungsbeleg im Hauptbuch zurückbleibt oder Belege doppelt extrahiert werden. Ist die Extraktion abgeschlossen, können die Daten mithilfe verschiedenster Techniken aufbereitet werden. Zum Schluss findet die Validierung der Daten statt und die Ergebnisse der Beleganalyse werden in einer Grafik präsentiert.

4.1 RBE Plus Technologie

Die IBIS Prof. Thome AG hat die Methode *Reverse Business Engineering* (RBE) entwickelt und sich auf betriebswirtschaftliche Analysen von SAP-Systemen spezialisiert. Mithilfe der RBE Plus Plattform werden die Analysen entwickelt und durchgeführt (IBIS Prof. Thome AG, 2016). Durch die strategische Partnerschaft der IBIS Prof. Thome AG mit PwC Deutschland wurden zum ersten Mal Analysen mit dieser Plattform für die Prüfung von Massendaten durchgeführt (PwC AG, 2015). Auch die Umsetzung der Beleganalyse erfolgt mit der RBE Plus Entwicklungs- und Analyseumgebung. Im Folgenden wird der Prozess von der Datenextraktion aus dem SAP-System des Kunden bis hin zur Auslieferung der Analyse beschrieben.

Die zu prüfenden Daten liegen in den SAP-Systemen in Form von Tabellen vor. Auf Basis von zuvor entwickelten Extraktoren in der RBE Plus Entwicklungsumgebung wird ein RBE Plus ABAP (Advanced Business Application Programming) erzeugt. Dieser RBE Plus ABAP bezeichnet Code in der Programmiersprache ABAP, der die relevante Prüflogik für die Abfrage von Tabellen aus dem SAP-System enthält. Im Fall der Beleganalyse besteht dieser aus den Tabellen, Feldern und Einschränkungen, die in den Extraktoren definiert wurden. Anschließend wird der RBE Plus ABAP auf dem Kundensystem ausgeführt. Das Ergebnis ist eine Extraktdatei, die alle benötigten Kundendaten enthält.

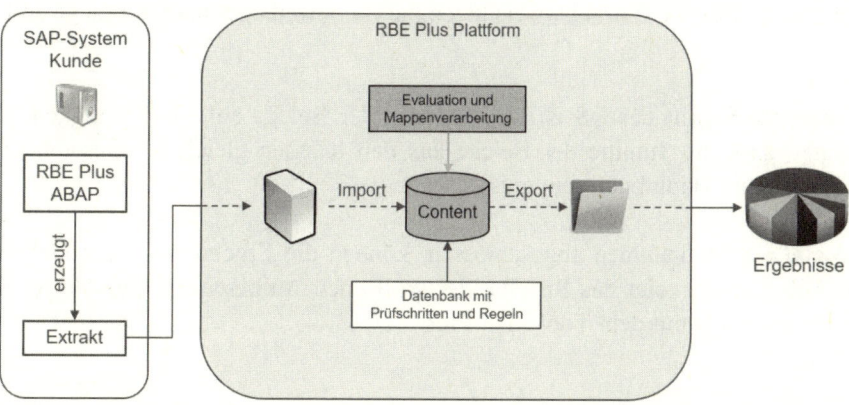

Abbildung 4: Durchführung einer Analyse mit RBE Plus (in Anlehnung an (IBIS Prof. Thome AG, 2016, S. 4))

Die Extraktdatei muss nun in die RBE Plus-Datenbank importiert werden. Darauffolgend ist es möglich die Extraktoren aus der Entwicklungsumgebung gegen die Daten aus dem Extrakt zu evaluieren. Anschließend erfolgt die Aufbereitung und Visualisierung der Daten. Letzten Endes können die aufbereiteten Daten in einen Visualisierungs-Browser exportiert und von dem Wirtschaftsprüfer analysiert sowie interpretiert werden. Für ein besseres Verständnis ist in Abbildung 4 der Prozessablauf von der Ausführung des RBE Plus ABAPs auf dem Kundensystem bis hin zur Präsentation der Ergebnisse visualisiert (IBIS Prof. Thome AG, 2016, S. 3f.).

Grundlage für den beschriebenen Ablauf und die Durchführung einer Analyse sind die Extraktoren, welche in der RBE Plus Umgebung Extraktanweisungen heißen und dort entwickelt werden.

4.2 Validierung und Ergebnisse

Eine grafische Aufbereitung ist notwendig, damit für einen Prüfer alle Ergebnisse auf einen Blick sichtbar sind. Des Weiteren dienen Grafiken in diesem Fall auch zur Validierung der entwickelten Prüfschritte. Gerade bei einer Massendatenanalyse im Bereich der Wirtschaftsprüfung ist es besonders wichtig, dass die Inhalte ausreichend qualitätsgesichert sind. Hierfür dienen die Daten aus dem zur Verfügung stehenden SAP-System. Sind alle Extraktoren gegen einen Extrakt mit diesen Daten evaluiert, können die Ergebnisse der angelegten Prüfschritte betrachtet werden.

Zusammenfassend findet ein Abgleich mit den in der Extraktanweisung definierten Bedingungen statt. Sind alle Überprüfungen soweit korrekt, kann davon ausgegangen werden, dass die Extraktanweisungen nur die jeweils definierten Belege enthalten.

Ein weiterer Schritt der QS ist eine Prüfung der Belege auf Vollständigkeit. Das bedeutet, dass die Summe der Belege aus den Klassen gleich der Gesamtanzahl aller Belege im Hauptbuch sein muss.

Sind alle QS-Maßnahmen abgeschlossen, können die Ergebnisse abgebildet werden. Abbildung 5 zeigt das Resultat der grafischen Aufbereitung. Die Umsetzung erfolgte ebenfalls mit dem Tool RBE Plus.

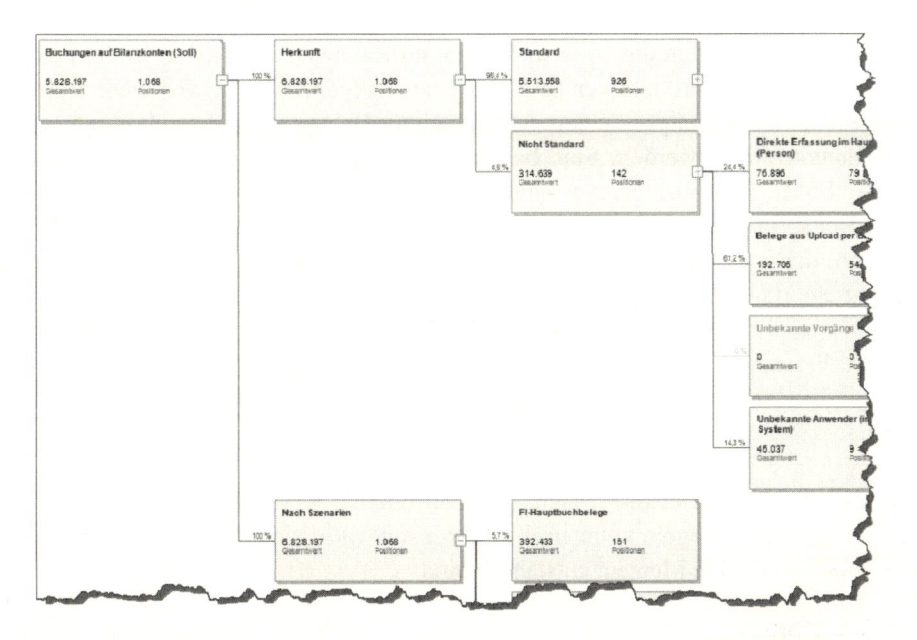

Abbildung 5: Darstellung und Ergebnisse der Beleganalyse (IBIS Prof. Thome AG, RBE Plus, 2016)

Durch die Grafik werden auf einen Blick alle Ergebnisse der Halo for SAP-Analyse sichtbar.

5. Fazit

Im Zuge der Digitalisierung hat sich die Analyse und Prüfung von Daten grundlegend verändert. Sämtliche Dokumente der Geschäftsprozesse eines Unternehmens liegen nahezu ausschließlich in digitaler Form vor. Im Bereich der Wirtschaftsprüfung ist daher ein Umdenken und eine Anpassung der Prüfungstechnik notwendig, um bei der Masse an Daten Unregelmäßigkeiten oder Abweichungen erkennen zu können. Bei einem konventionellen Vorgehen ist der Prüfer gezwungen, eine Auswahl vorzunehmen, was meist mithilfe von Stichproben erfolgt. Das bedeutet gleichzeitig, dass die Grundgesamtheit aller Daten zufällig und nur zum Teil geprüft wird. Durch den Einsatz digitaler Datenanalysen wie Halo for SAP/ RBE+Analytik ist es inzwischen möglich, alle vorhandenen Daten eines Unternehmens einzubeziehen. Um eine Prüfung von Massendaten jedoch sinnvoll durchzuführen, ist es notwendig, den Datenbestand zielgerichtet und risikoorientiert zu untersuchen. Ziel dabei ist die Identifikation prüfungsrelevanter Daten, was wiederum die Frage beinhaltet, inwiefern diese durch einen Anwender manipulierbar sind.

An dieser Stelle setzten die Untersuchungen im Rahmen der Analyse an. Im Fokus stehen alle Belege produktiver SAP-Systeme. Aufgabe war es, für diese Belege eine regelbasierte Analyse zu entwickeln, bei der Belege anhand der Prüfungsrelevanz unterschieden werden. Sind bestimmte Belege manipulierbar, müssen diese auf der Ebene des Einzelbeleges analysiert werden. In diesem Fall wird jeder einzelne Beleg aus dem System extrahiert und auf Unregelmäßigkeiten geprüft. Bei Belegen, die von betrügerischen Handlungen nicht betroffen sind, reicht hingegen ein aggregierter Abzug aus.

Um die Fragestellung zu beantworten, wurden die Tabellen des SAP-Systems, in dem die Buchhaltungsbelege zu finden sind, mit den dazugehörigen Feldern untersucht.

Das Ziel, prüfungsrelevante Daten zu identifizieren, wurde hiermit erreicht. Anhand aufgestellter Regeln konnten die Belege eindeutig einer Klasse zugeteilt werden, sodass disjunkte Mengen entstanden sind.

Die Entwicklung der Halo for SAP-Analyse erfolgte mit der Technologie RBE Plus der IBIS Prof. Thome AG. In einem ersten Schritt wurden Extraktoren entwickelt, die die jeweiligen Belege der zuvor definierten Klassen aus einem SAP-System auslesen. Der zweite Schritt bestand in der Aufbereitung der extrahierten Daten. Die Ergebnisse können anhand unterschiedlicher Überprüfungen qualitätsgesichert werden, sodass die Vollständigkeit und Konsistenz der Beleganalyse sichergestellt ist. Abschließend erfolgt die grafische Aufbereitung, in deren Rahmen die Ergebnisse visualisiert wurden und somit für einen Prüfer auf einen Blick nachvollziehbar sind.

Mit der entwickelten Halo for SAP-Analyse kann eine noch nie dagewesene Fokussierung bei der Prüfung erzielt werden. Die Konzentration auf relevante Belege liefert die Grundlage, um die Effektivität und Effizienz der gesamten Prüfung zu verbessern. Die Laufzeit und Umfang des Datenabzugs werden kleiner, Unregelmäßigkeiten und Auffälligkeiten werden wesentlich schneller erkannt und das Risiko manipulierte Belege zu übersehen wird minimiert.

6. Quellenverzeichnis

Arens, F., Heelein, G., & Schmittwilken, R. (20.7.2010). (L. W.-L. LWL-Rechnungsprüfungsamt, Herausgeber) Abgerufen am 23.04.2016 von Die Unbedenklichkeit des DV-Buchführungssystems unter SAP ERP: http://www.lwl.org/011-download/Endfassung_Unbedenklichkeit.pdf

Bartmann, C., & Streller, S. (Juni 2017). Digitaer Aufbruch in der Wirtschaftsprüfung und Beratung. *13. Deggendorfer Forum zur digitalen Datenanalyse 2017.* Deggendorf.

Chuprunov, M. (2012). *Handbuch SAP-Revision. Internes Kontrollsystem und GRC* (2. Ausg.). Bonn: Galileo Press.

Forsthuber, H., & Siebert, J. (2010). *Praxisbuch SAP-Finanzwesen* (4. Ausg.). Bonn: Galileo Press.

Gartner. (2014). Abgerufen am 23.4.2016 von Marktanteile der führenden Anbieter am Umsatz mit Enterprise-Resource-Planning-Software (ERP) in Deutschland von 2011 bis 2013: http://de.statista.com/statistik/daten/studie/262275/umfrage/marktanteile-der-anbieter-von-erp-software-in-deutschland/

Goldshteyn, M., Gabriel, A., & Thelen, S. (2013). *Massendatenanalysen in der Jahresabschlussprüfung. Grundlagen und praktische Anwendungen mit Hilfe von IDEA.* Düsseldorf: IDW Verlag GmbH.

IBIS Prof. Thome AG. (2016). Abgerufen am 9.6.2016 von Unternehmensprofil. Verbindung von Theorie und Praxis: http://www.ibis-thome.de/uber-uns/profil/

IBIS Prof. Thome AG. (2016). *RBE Plus.* Von RBE Plus 2016. abgerufen

IBIS Prof. Thome AG. (1.6.2016). *Technische Dokumentation zur Datenextraktion aus dem SAP System für HALO for SAP.* Von Technische Dokumentation zur Datenextraktion aus dem SAP System für HALO for SAP (internes Dokument). abgerufen

Jansen, T., & Goldshteyn, M. (kein Datum). Abgerufen am 19.5.2016 von Datenanalysen in der Wirtschaftsprüfung: http://www.massendatenanalysen.de/Datenanalyse.pdf

Keller, T. (2009). Digitale Analyse von Finanzdaten. In D. F. e.V. (Hrsg.), *Digitale Datenanalyse, Interne Revision und Wirtschaftsprüfung. Synergien nutzen – Prüfungen optimieren* (S. 87–101). Berlin: Erich Schmidt Verlag GmbH & Co.

Köster, C., Kuschel, K., & Ribbert, M. (2010). Risiko- und prozessbasierte Vorbereitung und Durchführung von Journal-Entry-Tests auf Basis von IDW PS 210. *Die Wirtschaftsprüfung*(14), S. 727–734.

Kündig, M. (2016). Data Science in der internen Revision. Erfahrungen und Herausforderungen. *Expert Focus*(4), S. 227–232.

Merkur. (3.12.2013). *Datenanalyse, JET Testing.* Abgerufen am 2.4.2016 von Datenanalyse, JET Testing: http://www.compliance-net.de/node/149

Munzel, R., & Munzel, M. (2012). *SAP-Finanzwesen – Customizing* (2. Ausg.). Bonn: Galileo Press.

PwC AG. (30.3.2015). Abgerufen am 09.6.2016 von PwC Deutschland und IBIS Prof. Thome AG: Digitale Technologie unterstützt Wirtschaftsprüfer: http://www.pwc.de/de/pressemitteilungen/2015/digitale-technologie-unterstuetzt-wirtschaftspruefer.html

SAP SE. (2016). *SAP ERP 6.0.* Von EHP8 for SAP ERP 6.0. Released on 20.1.2016. abgerufen

Stegmann, W. (2014). Ausgewählte Prüfungsmethoden im Spannungsfeld zwischen theoretischem Nutzen und praktischer Umsetzung. In D. F. e.V. (Hrsg.), *Transparenz durch digitale Datenanalyse. Prüfungsmethoden für Big Data* (S. 139–156). Berlin: Erich Schmidt Verlag GmbH & Co. KG.

Wysocki, K. (2013). Wirtschaftliches Prüfwesen. Band III: Prüfungsansätze und Prüfungsverfahren nach nationalen und internationalen Prüfungsstandards. München: Oldenbourg.

Technologien der Digitalisierung im Studium der Betriebswirtschaften

Das Forschungsprojekt EEBDA entwickelt eine virtuelle Lehrveranstaltung um Studierende auf die digitale Zukunft vorzubereiten

Prof. Dr. Jürgen Ernstberger
TU München

Inhaltsübersicht

1.	Einleitung	43
2.	Digitale Herausforderungen und Ziele der Lehre	43
3.	Didaktisches Konzept	45
4.	Implementierung der Lehrinhalte	46
5.	Zusammenfassung	48
6.	Literaturverzeichnis	48

1. Einleitung

Unsere Gesellschaft wird in ein neues Zeitalter eintreten. Technologien aus der Digitalindustrie übernehmen immer mehr Prozesse aus dem analogen Arbeitsalltag oder verschwinden durch *disruptive Innovationen*[1] sogar ganz. So gibt es zum Beispiel schon heute sogenannte *Dark Factories*, in denen es keine signifikante Beleuchtung gibt, da in der Produktion ausschließlich Roboter arbeiten (Christopher Null, 2003). Doch auch wenn die *Digital Leaders* wie Google, Amazon, Apple oder Facebook gefühlt täglich neue Innovationen veröffentlichen hinken klassische Sparten wie Banken oder der öffentliche Sektor nach (Brian Fox, 2016). Es gibt so auch Berufszweige die Gefahr laufen durch Automatisierung extrem reduziert zu werden (Michael Chui, 2016). Es kann vermutet werden, dass den Entscheidungsträgern das technische Verständnis fehlt neue Innovationen zu fördern oder überhaupt aus quantitative Datenanalysen mit Big Data Technologien qualitative Entscheidungen zu tätigen (Raskino, 2017). Um zukünftige Führungskräfte darauf vorzubereiten, wie datengetriebene Entscheidungs- und Innovationsprozesse zu gestalten und zu bewerten sind muss sich auch die Ausbildung dieser ändern. Ein erster Schritt in diese Richtung ist die Veranstaltung EEBDA. Gefördert durch den Zukunftsfond Bayern Digital wird in Zusammenarbeit von fünf Universitäten[2] eine virtuelle Lehrveranstaltung entwickelt, welche essentielles Wissen im Bereich *Big Data Analytics* vermittelt und somit ein stabiles Fundament für eine Brücke zwischen klassischer Betriebswirtschaft und zukünftigen Technologien bildet. Diese Arbeit gibt zunächst wider welche Wissenslücken momentan vorherrschen und anschließend wie diese durch praxisnahe Fallstudien gelehrt werden.

2. Digitale Herausforderungen und Ziele der Lehre

Vorhersagen zu treffen wird eine der höchsten Künste im Zeitalter der Digitalisierung: Selbstfahrende Autos schätzen den zu erwartenden Verkehr (Mariusz Bojarski, 2016), Industriemaschinen berechnen den wahrscheinlichen Verschleiß einer ihrer Komponenten (Jay Lee, 2013) und **Finanzbehörden berechnen die Wahrscheinlichkeit für eine Steuerhinterziehung**. Diese Szenarien sind keine Zukunftsmusik, sondern schon heute im Einsatz. Doch was sich ändert sind die zu Grunde liegenden Algorithmen. Während bis dato primär regelbasierte Systeme entwickelt wurden werden zukünftig mehr und mehr selbstlernende Modelle eingesetzt. Hierbei sind zwei Komponenten essentiell: (1) Eine nicht fassbare Menge von Erfahrungswerten und (2) eine immens große Rechenleistung. Beide Dinge werden immer günstiger und erschwinglicher. Eine Problematik entsteht dadurch,

---

[1] Löst eine bestehende Technologie, Dienstleistung oder ein Produkt möglichst vollständig ab.
[2] TU München, Universität Passau, TH Deggendorf, HAW Landshut, FH Würzburg-Schweinfurth.

dass die Entscheidungsregeln von selbstlernenden Modellen nur schlecht oder teils gar nicht nachvollziehbar sind. Es wird hier auch von sogenannten Black-Box-Modellen gesprochen. Bei Modellen, die entscheiden sollen, ob sich auf einem Bild ein Hund oder eine Katze befindet sind regeln noch einfach abzuleiten doch bei selbstfahrende Fahrzeugen ist dies momentan noch unmöglich. Beispielsweise hat NVIDIA ein selbstfahrendes Auto entwickelt welches nur auf vergangene Autofahrten menschlicher Testpersonen basierte (Shapiro, 2016). Das Modell funktionierte überraschend gut, doch kann nicht ausgeschlossen werden, dass das Fahrzeug in der nächsten Kurve einen Passanten absichtlich erfasst. Tatsächlich schenken Unternehmen heutigen Big Data Analysen nur wenig vertrauen (Karabasz, 2015). Ein wichtiger Punkt für unsere Ausbildung ist somit eine Sensibilität zu entwickeln, zum einen über die Möglichkeiten von Big Data Analytics, aber auch über die damit verbundenen Gefahren.

Oben beschriebene Szenarien sind, abstrakt beschrieben, noch einfach nachzuvollziehen, doch fehlt Betriebswirtschaftlern oft auch das Wissen über die zugrundeliegenden Algorithmen und der Datenbasis. In der Realität ist die Datenbeschaffung und -aufbereitung der aufwändigste Prozess. Dies ist vielen nicht bewusst und auch in den Universitäten wird Datenanalyse meist nur mit vorbereiteten Daten gelehrt. Daraus folgt eine Verzerrung der Wirklichkeit in Datenanalyseprojekten, was die Gefahr einer Aufwandsunterschätzung mit sich bringt. Um die Herausforderungen in der Datenermittlung und -aufbereitung zu vermitteln wird in unserer Lehre ausschließlich mit real generierten Daten gearbeitet. Dies ist der wirksamste Weg um auch hier eine geeignete Sensibilität und auch das Verständnis für digitale Daten zu vermitteln. Ein weiterer Aspekt, der in diesem Zusammenhang von Relevanz ist, ist das fehlende Wissen für grundlegendste Datenoperationen[3]. Was bedeutet es, wenn Daten sortiert und gefiltert werden, miteinander verbunden oder aggregiert werden? Auf dem ersten Blick scheint dies trivial doch gerade diese Grundlagen sind vielen unbewusst und sie zu ignorieren würde die Lehre auf ein wackeliges Fundament stellen. Auch könnte dieses Grundwissen ein nützliches Werkzeug für Mitarbeiter in KMUs sein. Hier wird in naher Zukunft das Budget für aufwendige Datenanalyse-Projekte eher fehlen, doch bereits kompakte Anwendungen von Datenanalyse können Prozesse beschleunigen, doch erst durch Mitarbeitern mit oben beschriebenen Grundwissen können versteckte Potentiale erkennen.

Wenn nun von digitalen Daten gesprochen wird, so schweben den meisten volle Excel-Tabellen vor, Daten als strukturierte Daten. Allein schon ein Blick aus dem Fenster zeigt uns, dass dies nicht die Realität ist. Strukturierte Daten sind nur ein Abbild der Realität und es stellt sich die Frage, ob es nicht alternative Betrachtungsweisen gibt, welche dieser näherkommen als „Excel-Tabellen". Hierzu zählen Bilder, Tonspuren, Videomaterial oder klassische Buch- und Zeitungstexte. Zu-

---

[3] Aus universitären Erfahrungswerten.

künftig wird es beispielsweise auch Geruchssensoren auf molekularer Basis geben (Magda Brattoli 1, 2011). Um neue Innovationen voranzutreiben muss auch diese Vielfalt gelehrt werden.

Als zusätzlichen Aspekt sollen ethische (Kord Davis, 2012) und rechtliche Zusammenhänge beim Analysieren von unübersichtlich großen Datenmengen diskutiert werden. Wird revolutionären Stimmen Vertrauen geschenkt, so ist mit dem Einzug von Big Data Analytics auch das Ende von Privatsphäre eingeläutet (Wilbanks, 2014). Gerade hier in Deutschland bekommen diese Meinungen viel Gegenwind. Für Algorithmen und Data Scientists werden bei der Datenanalyse lediglich numerische Vektoren verarbeitet. Doch jede einzelne Zahl in jedem dieser Vektoren stammt in der Regel aus der realen Welt. Vielleicht handelt es sich nur um die durchschnittliche Niederschlagsmenge oder die Tagestemperatur, doch könnte es sich in Zukunft auch um hoch-persönliche Messwerte handeln, z. B. Anzahl der Arztbesuche oder Tonaufzeichnungen unserer Telefongespräche. Gerade im Umgang mit diesen Daten müssen gesonderte Einschränkungen eingehalten und Vorkehrungen getroffen werden. Dies soll in unserer Veranstaltung abschließend behandelt werden.

3. Didaktisches Konzept

Die Studieninhalte werden einer möglichst großen Masse an Studierenden angeboten. Mit herkömmlichem Frontalunterricht wäre dies nicht möglich, deshalb erscheint der Kurs komplett virtuell. Dies bringt entscheidende Vorteile mit sich: (1) Studierende können die Lernblöcke zeitlich und örtlich unabhängig abrufen und in ihrem eigenen Tempo lernen. (2) Die Veranstaltung ist, bezogen auf die Teilnehmeranzahl, relativ einfach zu skalieren. (3) Lehrinhalte können interaktiv aufbereitet werden, was insbesondere in der Programmierung von Datenanalysen von Relevanz ist. Natürlich gibt es nicht nur Vorteile, auch spezielle Herausforderungen sind mit der virtuellen Lehre verbunden: (1) Die Aufmerksamkeitsspanne der Studierenden ist kürzer (Linda E. Carlson, 2005). (2) Die Abbruchquote ist höher als bei Kursen mit Frontalunterricht (Parr, 2013). (3) Es kann nicht direkt auf Fragen und Anmerkungen eingegangen werden. (4) Studierende kommen in der Regel nicht direkt in den Kontakt mit ihren Kommilitonen. Diese Einwände wollen wir speziell adressieren. Ein Studiensemester ist in etwa 14 Wochen aufgeteilt, doch haben wir die Möglichkeit die Veranstaltung in lediglich – Wochen abzuhalten. Somit würde eine Vorlesungswoche einen doppelt so großen Arbeitsaufwand beanspruchen, jedoch würden die *Studierenden so eher am Ball bleiben*. Auch werden speziell ausgebildete Tutoren eingesetzt, welche sich bei Problemen direkt mit dem Studierenden in Verbindung setzen. Auch werden regelmäßig sogenannte Webcasts abgehalten, in denen Kursteilnehmer die Fragen direkt an Tutoren oder Professoren stellen können. In zufällig eingeteilten Gruppen wird auch an gemeinsamen Leistungsnachweisen gearbeitet werden müssen, was ermöglicht die Teilnehmer in Verbindung zu bringen (dies kann auch die eigene Lernmotivation fördern).

Die oben angesprochenen Datenanalysemethoden lediglich mit sterilen Daten durchzunehmen ist weder praxisnah noch didaktisch sinnvoll. Deshalb werden um ausgewählte Methoden maßgeschneiderte Fallbeispiele konstruiert. Jedes dieser Fallbeispiele kann als eigenständiges Projekt gesehen werden, aufgegliedert in: (1) Theoretische Einführung in die betriebswirtschaftliche Thematik und der technischen Methodik, (2) Bearbeitung des Fallbeispiels und (3) Abschlusstest um die Veranstaltung fortführen zu können.

Als kursbegleitendes Prozessmodell der Fallbeispiele wird CRISP-DM (Cross Industrial Standard Process for Data Mining) eingesetzt. Dies ist ein praxisbewährtes Ablaufmodell für Datenanalyseprojekte und beinhaltet die Phasen Business Understanding, Data Understanding, Data Preparation, Modeling, Evaluation und Deployment. Im ersten Schritt werden die Projektziele definiert und ein Überblick über den Geschäftsfall gewonnen. Der Bereich Data Understanding beschäftigt sich damit geeignete Datenquellen zu identifizieren und deren Verwertbarkeit zu evaluieren. Anschließend werden Daten bereinigt und aufbereitet, damit sie in der Phase Modeling von den Datenanalyse-Werkzeugen verarbeitet werden können. Abschließend werden die Ergebnisse geprüft und interpretiert. Im Deployment werden in der Lehre lediglich Hypothesen aufgestellt, wie das fertige Modell in den Geschäftsalltag implementiert werden kann. Wie in Abbildung 1 zu sehen ist, werden viele der Phasen nicht einmalig durchlaufen, sondern müssen bei Bedarf wiederholt werden. Mit diesem Modell wird den Studierenden ein wichtiges Tool in die Hand gegeben um die Fallbeispiele zielgerichtet durchführen zu können. Auch verstärkt es das Vorhaben einen generalisierten Einblick in Big Data Analytics zu vermitteln, anstatt ausgewählt Häppchen zu verarbeiten.

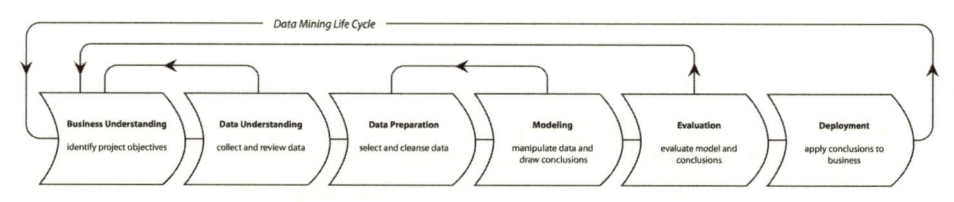

Abbildung 1: Das CRISP-DM Prozessmodell[4]

4. Implementierung der Lehrinhalte

Der Kurs wird an fünf bayrischen Universitäten und Hochschulen ab dem Wintersemester 2018/2019 zur freiwilligen Belegung angeboten und wird außerdem in die

---

[4] vgl. crisp-dm.org, zugegriffen am 29.09.2017.

Virtuelle Hochschule Bayern[5] integriert. Bis dahin werden im Verbund sämtliche Lehrinhalte erstellt, welche in fünf Lernblöcke eingeteilt sind:

1. <u>Woche 1:</u> Zunächst sollen Einführende Kenntnisse zum Umgang mit der verwendeten Statistiksoftware R[6] vermittelt werden, sowie die damit verbundenen grundlegenden Datentypen und mathematischen Operationen. Anschließend wird noch der Ablauf der Fallbeispiele mit dem CRISP-DM beschrieben.

2. <u>Wochen 2–3:</u> Das erste Fallbeispiel behandelt einfache Grundlagen der Datenanalyse anhand von Lager- und Buchhaltungsdaten eines Realbetriebes.

3. <u>Wochen 4–5:</u> Das zweite Fallbeispiel geht auf die Thematik Predictive Analytics (z. B. Vorhersage von Kursverläufen/Unternehmensergebnissen) anhand von US-Abschlussberichten und Börsenkursen ein.

4. <u>Wochen 6–7:</u> Der letzte Fall soll auf alternative Datenstrukturen hinweisen. Deshalb wird die Netzwerkanalyse anhand von E-Mail-Kommunikationsdaten gelehrt. Hier steht uns ein Auszug aus der E-Mail-Kommunikation der insolventen Unternehmung ENRON zur Verfügung. Auch dieser Datensatz ist öffentlich zugänglich.

5. <u>Woche 8:</u> Abschließend werden, wie oben erklärt, noch die wichtigsten ethischen und rechtlichen Aspekte diskutiert und ein Ausblick in die Potentiale und Risiken des digitalen Zeitalters gegeben.

Nach jedem Block wird ein Leistungsnachweis in Form eines Online-Quiz notwendig sein um auf die Lehrmaterialien des nächsten Blocks zugreifen zu können, außerdem sollen Webcasts eingerichtet werden in denen die Teilnehmer direkt Fragen an die Dozenten stellen können. Es ist nicht effizient, wenn sich mehrere hundert Kursteilnehmer in einem einzelnen Forum befinden, deshalb betreuen die Tutoren kompaktere Diskussionsgruppen. So kann auch eine bessere Nähe zu den Studierenden gepflegt werden. Die virtuelle Lehre wird mit einem umfangreichem Videomaterial unterstützt. Neben kurzen Erklärvideos, welche beispielsweise Algorithmen und Theorien erklären, werden Praktikerinterviews erstellt, in denen Führungskräfte auf die Relevanz der Thematik hinweisen. Die eigentlichen Datenanalysen werden gebündelt am LRZ (Leibnitz Rechenzentrum) in Garching bei München ausgeführt. Dazu bekommt jeder Student eine individuelle Kennung mit der er sich komfortabel über den Browser anmelden kann.

---

[5] Siehe http://www.vhb.org.
[6] Siehe https://www.r-project.org.

5. Zusammenfassung

Die Digitalisierung konfrontiert unsere Gesellschaft mit immer mehr Herausforderungen. Da nahezu jeder Mitbürger betroffen ist, ist das Bildungssystem gefordert seine Lehre dementsprechend anzupassen. Das Projekt EEBDA ist ein erster Baustein um bayrischen Studierenden der Wirtschaftswissenschaften eine ganzheitliche Sicht auf die wichtigsten Aspekte im Umgang mit Big Data Analyse zu vermitteln. Dazu wird mittels virtueller Lehre eine Veranstaltung angeboten die auf realitätsnahe Fallbeispiele basiert. Dabei steht nicht im Vordergrund ausgeklügelte Algorithmen zu lehren, sondern eine Sensibilität für den Umgang mit Daten oder mit Ergebnissen aus Datenanalysen zu bekommen, so dass zukünftigen Führungskräfte diese als vertrauenswürdige Grundlage für Ihre Entscheidungen nutzen können.

6. Literaturverzeichnis

Brian Fox, Amit Paley, Michelle Prevost, Nisha Subramanian, 2016. *Closing the digital gap in pharma,* mckinsey.com: McKinsey & Company

Christopher Null, Brian Caulfield, 2003. Fade To Black The 1980s vision of „lights-out" manufacturing, where robots do all the work, is a dream no more.. *Business 2.0,* 1 06.

Jay Lee, Edzel LLapira, Behrad Bagheri, Hung-an Kao, 2013. Recent advances and trends in predictive manufacturing systems in big data environment. *Manufacturing Letters,* 10, 1(1), pp. 38–41.

Karabasz, I., 2015. Unternehmen misstrauen Datenanalysen. *Handelsblatt,* 31 10.

Kord Davis, Doug Patterson, 2012. *Ethics of Big Data.* USA: O'Reilly.

Linda E. Carlson, Kirk Warren Brown, 2005. Validation of the Mindful Attention Awareness Scale in a cancer population. *Journal of Psychosomatic Research,* Band 58, pp. 29–33.

Magda Brattoli, de Gennaro G., de Pinto V., Loiotile A. D., Lovascio S., Penza M., 2011. Odour Detection Methods: Olfactometry and Chemical Sensors. *Sensors,* 11(5), pp. 5290–5322.

Mariusz Bojarski, Davide Del Testa, Daniel Dworakowski, Bernhard Firner, Beat Flepp, Prasoon Goyal, Lawrence D. Jackel, Mathew Monfort, Urs Muller, Jiakai Zhang, Xin Zhang, Jake Zhao, Karol Zieba, 2016. End to End Learning for Self-Driving Cars. *arXiv preprint arXiv:1604.07316.*

Michael Chui, James Manyika, Mehdi Miremadi, 2016. *Where machines could replace humans — and where they can't (yet),* mckinsey.com: McKinsey & Company

Parr, C., 2013, . *If you want to make it with Moocs, you must stand out from the crowd,* timeshighereducation.com: s.n.

Raskino, M., 2017. *2017 CEO Survey: CIOs Must Scale Up Digital Business,* Stamford: Gartner.

Shapiro, D., 2016. *Driver's Ed for Self-Driving Cars: How Our Deep Learning Tech Taught a Car to Drive.* [Online]
Available at: https://blogs.nvidia.com/blog/2016/05/06/self-driving-cars-3/
[Zugriff am 1.10.2017].

Wilbanks, J., 2014. *Is Too Much Privacy Bad For Your Health?*, s.l.: TED Radio Hour.

Fallen bei der Visualisierung von Big Data aus Praktiker-Sicht

Dr. Markus Grottke
SRH Hochschule für Wirtschaft und Medien, Calw

Dr. Joachim Schnurbus
Universität Passau

Prof. Dr. Georg Herde
Technische Hochschule Deggendorf

Inhaltsübersicht

1.	Einführung	54
2.	Typische Empfehlungen für Visualisierungen in der Praxis	55
3.	Psychologisch bedingte blinde Flecke bei der Visualisierung von BD ...	57
4.	Diskussion und Zusammenfassung	62
Referenzen		63
Anhang		64

Fallen bei der Visualisierung von Big Data aus Praktiker-Sicht

Dieser Beitrag beschäftigt sich mit der Tatsache, dass Big Data-Ergebnisse aufgrund der Datenmenge häufig auf Basis von grafischen Visualisierungen interpretiert werden. Hierbei können Visualisierungen falsche Eindrücke erzeugen, weil sie imstande sind, psychologisch bedingte Fehlwahrnehmungen hervorzurufen. In dieser Arbeit werden typische Big Data-Visualisierungen dahingehend analysiert und die Konsequenzen für die Praxis beispielhaft aufgezeigt. Darüber hinaus werden die Grenzen einer korrekten Visualisierung im Kontext von Big Data-Analysen diskutiert. Dabei werden Schlussfolgerungen zu den Herausforderungen des Unterrichtens von Big Data Analysen gezogen.

Schlüsselworte: Big Data, Psychologisch bedingte Fehlwahrnehmungen, Visualisierung, Heatmaps, Sankey-Diagramme
JEL Klassifikation: A23, M49

Fallen bei der Visualisierung von Big Data aus Praktiker-Sicht

> *„Jedes Mal, wenn wir uns ein Foto ansehen, sind wir uns bewusst, dass der Fotograf diesen Anblick aus einer Unendlichkeit anderer möglicher Motive ausgewählt hat."* (Berger, 1973, S. 10, übersetzt aus dem Englischen durch die Autoren)

1. Einführung

Berufstätige werden immer häufiger mit Visualisierungen von Big Data (BD) konfrontiert, die explizit mit dem Ziel erzeugt wurden, eine Entscheidungsunterstützung leisten zu können. Angesichts dieser Entwicklung werden auch Entscheidungsträger, die bereits lange im Berufsleben stehen, zunehmend mit derartigen Entscheidungsgrundlagen konfrontiert. Gänßlen und Losbichler (2015) vom internationalen Controllerverein betonen nicht nur die Notwendigkeit, mit ständig wachsenden Datenmengen umzugehen, sondern auch die Notwendigkeit, diese in geeignete Berichtsformate zu überführen und effektiv zu visualisieren, damit die Informationen für Manager/Entscheidungsträger nutzbar sind.

Auf Basis von BD erzeugte Entscheidungsgrundlagen sind nicht unkritisch zu sehen. Vasarhelyi, Kogan und Tuttle (2015) weisen auf die Inkongruenz hin, die bei BD zwischen der als Entscheidungsgrundlage produzierten Information und der realen Information besteht: So kann im Kontext von BD kein Plausibilitätscheck durch eine Durchsicht der Rohdaten mehr erfolgen (oder wäre nur unter größtem Aufwand möglich). Es können nur diejenigen Daten/Informationen überprüft werden, die bereits verarbeitet/aggregiert wurden.

Ausgehend vom Spannungsfeld dieser beiden Merkmale von BD, der Notwendigkeit der Visualisierung einerseits und der Grenze der Abbildbarkeit von BD andererseits, wird in diesem Papier auf eine Reihe von potenziellen Fallen bei der Visualisierung von BD hingewiesen. Mögliche Fallen werden hierbei nicht auf Grundlage der konkreten Daten identifiziert, da dies bereits durch das Data Quality Management korrigiert werden würde, sondern in Bezug auf bekannte psychologische Fehlwahrnehmungen, die bei fast allen Menschen in der einen oder anderen Form routinemäßig zu verzeichnen sind. Um auf die Spur solcher Fehlwahrnehmungen zu kommen ist es notwendig, sich der Existenz solcher Fehlwahrnehmungen bewußt zu werden und es bedarf der Fähigkeit, alternative Visualisierungen gedanklich durchzuspielen. Damit können die auf Basis einer BD-Visualisierung getroffenen/zu treffenden Entscheidungen ggf. modifiziert werden. Illustriert werden die Fehlwahrnehmungen anhand von grafischen Darstellungen, die bei der BD-Visualisierung weit verbreitet sind.

Der Beitrag adressiert damit die Fragen, wie BD-Ergebnisse dargestellt und Daten in der Visualisierung umgesetzt werden sollen, welche Rolle dabei die Rhetorik/Interpretation spielt und wie die Information von hier (Daten) nach dort (Visualisierung) transferiert wird (Chua, 2007, S. 488). Die Interpretation von Visualisierungen kann aufgrund von Erwartungen und Vorgaben des Managements beeinträchtigt werden (z. B. Chua, 2007). Visuelle Rhetorik kann, wie beispielsweise Davison (2014) betont, bei der Berichterstattung eine wichtige Rolle spielen. Tufte (1997) führt darum zu Recht an:

„Es ist leicht, Tausende von plausiblen Statistiken und Visualisierungen zu analysieren und dann für die Veröffentlichung nur diejenigen auszuwählen, die für den eigenen Standpunkt günstig sind. ... So könnte ein vorsichtig urteilender Entscheidungsträger in der Beweisführung davon ausgehen, dass alle Grafiken, Tabellen und Berechnungen, die in einer Präsentation offenbart wurden, die für den Präsentator besten aller möglichen Ergebnisse sind." (Tufte, 1997, S. 15, übersetzt aus dem Englischen durch die Autoren).

Brown-Liburd, Issa und Lombardi (2015) verweisen zudem darauf, dass auch aus Sicht eines Adressaten von BD-Ergebnissen, die Nutzung von einfachen Entscheidungsheuristiken angesichts der Überlast an Information eine große Herausforderung darstellt. Sie betonen auch, dass die mit der Informationsverarbeitung verbundenen Schwächen und Einschränkungen die effektive Nutzung und Analyse von BD stark beeinträchtigen können. Wie so häufig gilt: Wir sehen, was wir glauben wollen. Genau hier kritisch zu bleiben, ist für Berufstätige in der heutigen Arbeitswelt ein wesentliches Asset. Um allerdings kritisch bleiben zu können, ist es notwendig, dass Berufstätige „ihre konditionierten Reflexe […] erkennen" (Bennis & O'Toole, 2005, S. 100, übersetzt aus dem Englischen durch die Autoren).

Der Rest des Beitrags ist wie folgt aufgebaut: Zuerst wird dem Leser ein Eindruck davon verschafft, welche Empfehlungen in der Geschäftspraxis typischerweise für Visualisierungen gelten. Dabei wird deutlich gemacht, warum diese Empfehlungen für den Umgang mit BD-Visualisierengen nicht ausreichend sind. Im Anschluss daran werden einige weit verbreitete psychologisch bedingte Fehlwahrnehmungen vorgestellt und an Beispielen deren Auswirkungen im Kontext von BD-Visualisierungen erläutert. Der Beitrag schließt mit einer Diskussion und Zusammenfassung der Ergebnisse.

2. Typische Empfehlungen für Visualisierungen in der Praxis

Typische Empfehlungen für Visualisierungen richten sich üblicherweise an die Person, die die Visualisierung erstellt (und nicht an den späteren Betrachter). Wong

(2010, S. 20, übersetzt aus dem Englischen durch die Autoren) empfiehlt zum Beispiel:

> *„Identifizieren Sie Ihre Schlüsselbotschaft. [...] Wählen Sie die besten Datenreihen, um ihre Botschaft zu veranschaulichen. [...] Filtern und vereinfachen Sie die Daten, um die Essenz der Daten für Ihre Zielgruppe zu liefern. [...]."* Dabei stellt er klar (S. 24): *„Der Rahmen der Information gibt vor, wie die Leser die Daten interpretieren. Menschen brauchen einen Referenzpunkt. Wenn Sie diesen Referenzpunkt liefern, kontrollieren Sie die Nachricht."*

Few (2004) weist darauf hin, dass Fragen zu kontextuellen Informationen und zu kritischen Vergleichspunkten führen könnten. Seiner Meinung nach machen gute Visualisierungen ihre Zielsetzung vollständig transparent und lassen alle anderen Informationen außen vor. Das bedeutet, dass die Relevanz und der Kontext, die in einer grafischen Visualisierung hervorgehoben werden, sowohl mit dem Ziel verbunden sein müssen, als auch die beabsichtigte Botschaft unterstützen müssen. Darüber hinaus macht er deutlich, dass derjenige, der eine Visualisierung erzeugt, es dem Leser so mühelos wie möglich machen sollte, diese zu begreifen. Er fasst dies zusammen als: „Vereinfachen, vereinfachen, vereinfachen" (Few, 2004, S. 143).

Bereits wesentlich umfangreicher empfiehlt Tufte (1997, S. 7–8), dass nicht nur Ursache und Wirkung gezeigt werden, sondern auch ein geeigneter Kontext gesucht werden muss, um Ursache und Wirkung zu identifizieren. So lassen sich räumliche Ursachen nur in einer räumlichen Darstellung identifizieren, zeitliche hingegen nur in einer zeitlichen Darstellung. Dabei sollten auch alternative Ursachen überprüft und eine bestimmte Wirkung in Frage gestellt werden. Darüber hinaus empfiehlt er, alle relevanten Beweise zu berücksichtigen und insbesondere Fälle mitzuberichten, die das Gegenteil von dem angeben, was die gewählte Visualisierung anzeigt. Um die Glaubwürdigkeit einer Visualisierung zu erhöhen und alle relevanten Argumente sichtbar zu machen, empfiehlt er, dass mögliche Fehlerquellen einer Visualisierung in der Darstellung selbst Erwähnung finden. Außerdem sollen Bild, Wort und Zahlen kombiniert werden.

Für Visualisierungen von BD-Analysen erweisen sich diese typischerweise bereits heute in der Praxis beherzigten Empfehlungen jedoch als nicht mehr ausreichend. Erstens ist die Verringerung der Daten auf die jeweilige Argumentation, im Falle von BD Analysen, schwierig. Angesichts der Datenmasse ist es schlicht unmöglich, alle relevanten Beweisdaten zu beurteilen, so dass ein Teil davon unvermeidlich unberücksichtigt bleibt. Zweitens existieren für ein Datenergebnis meist mehrere konkurrierende und nicht klar zu hierarchisierende Möglichkeiten der Visualisierung. Die Folge ist ein Mangel an visueller Klarheit, welcher sich auch nicht bereinigen lässt, da man – wie eingangs geschildert – nicht zu den Ursprungsdaten zurück gehen, sondern allenfalls andere Visualisierungen dieser Daten wählen kann.

Im Folgenden wird darum eine Umkehr der Perspektive vorgeschlagen. Anstelle von äußeren Daten, die zahlreiche Erklärungen liefern könnten, und deren Exploration in der durch Zeitknappheit geprägten Berufspraxis gar nicht möglich ist, stehen die Schwächen des Menschen bei der Interpretation im Vordergrund. So soll beispielhaft auf Auswirkungen psychologisch bedingter Gefahren zu Fehlwahrnehmungen eingegangen werden. Die Gefahr solcher Fehlwahrnehmungen bezieht sich auf den Adressaten der Visualisierung und ist damit unabhängig von den jeweiligen Daten ein potentiell immer vorhandener wunder Punkt für die Interpretation von Visualisierungen.

3. Psychologisch bedingte blinde Flecke bei der Visualisierung von BD

Im Folgenden zeigen wir psychologisch bedingte blinde Flecken von BD-Visualisierungen mit dem Ziel auf, gedanklich alternative Visualisierungen zu entwickeln. Aus der Masse der psychologischen Phänomene wurden fünf ausgewählt, die sehr bekannt und zudem eindeutig für diesen Fall relevant sind:

- Framing-Effekt,
- Verankerungseffekt,
- Repräsentativitätsheuristik,
- Verfügbarkeitsheuristik und
- Anpassungseffekt.

Nach einer kurzen Erläuterung der verwendeten Datensätze und Visualisierungsformen werden diese Effekte zunächst kurz beschrieben. Im Anschluß daran wird illustriert, warum die unterschiedlichen grafischen Visualisierungen unterschiedliche Wirkungen nach sich ziehen können und wie die gewählten Visualisierungen die skizzierten psychologischen Effekte auslösen können.

Im Folgenden werden zwei Beispiele für die BD-Visualisierung skizziert, die häufig erwähnt werden, wenn die Visualisierung großer Datenmengen Gegenstand ist (z. B. Losbichler, 2015): Sankey-Diagramme und Heatmaps. Informationen zur Herkunft des öffentlichen Datenmaterials für diese Visualisierungen und zum Code zur Wiedergabe der Visualisierungen in der Statistik-Software R finden sich im Anhang.

Der erste Datensatz skizziert ein mögliches Szenario für die britische Energieproduktion und den britischen Energieverbrauch im Jahr 2050 und wird für die Sanky-Diagramme verwendet. Das Energieangebot befindet sich auf der linken Seite und die Energieverwendung wird auf der rechten Seite dargestellt. Zwischenknoten gruppieren zusammengehörige Produktionsformen und zeigen, wie Energie umgewandelt und übertragen wird, bevor sie verbraucht wird. Die Dicke jeder Verbindung repräsentiert die Menge des Energieflusses von Quelle zu Ziel.

Der zweite Datensatz enthält Lohn-Querschnittsdaten aus der U.S. Current Population Survey für das Jahr 1976 und wird für die Heatmaps verwendet. In den Heatmaps wird eine Korrelationsmatrix zwischen den verschiedenen Variablen, die im Datensatz (in dessen Spalten) enthalten sind, dargestellt. Die Diagonale repräsentiert die Korrelation jeder Variablen mit sich selbst (gleich +1). Die verschiedenen Farben markieren, an welcher Stelle eine konkrete Korrelation zwischen zwei Variablen auf einer Skala von -1 und +1 liegt.

Framing-Effekte beinhalten, dass wir unterschiedlich auf identische Ereignisse reagieren, obwohl sie rational die gleiche Antwort auslösen sollten. Wie wir reagieren, hängt davon ab, ob die Ereignisse im Rahmen einer Verlust- oder einer Gewinnsituation interpretiert werden. Wird von einer negativen Situation ausgegangen, die verbessert werden muss, könnte ein riskanteres Verhalten ausgelöst werden, als vor dem Rahmen einer positiven Situation. Um einen solchen blinden Fleck sichtbar zu machen, bedeutet dies, dass BD-Visualisierungen in verschiedenen Rahmen (Frames) präsentiert werden sollten, um zu testen, ob Entscheidungen, die auf ihnen basieren, unter solchen Bedingungen robust bleiben.

Im Fall des ersten Datensatzes könnte sich dies in einem Sankey Diagramm wie folgt widerspiegeln. Dargestellt sei die Energiesituation im Jahr 2050 im Vereinigten Königreich. Wenn man sich nun die Frage stellt, ob hier erhebliche Risiken für die Umstellung von Kernenergie, Kohle und Öl auf eine umweltfreundlichere Mischung von Energien existieren, so werden die Visualisierungen S1 und S2 möglicherweise unterschiedliche Auswirkungen haben. Höherere Risiken werden wahrscheinlich eher in S1 als in S2 angenommen, da durch die Farbgebung in S1 der negative Aspekt hervorgehoben wird, nämlich dass noch eine Menge von Kernenergie und Öl verwendet wird, während in S2 der positive Effekt in den Vordergrund rückt: Es wird bereits ein erheblicher Teil der umweltfreundlichen Energiequellen genutzt.

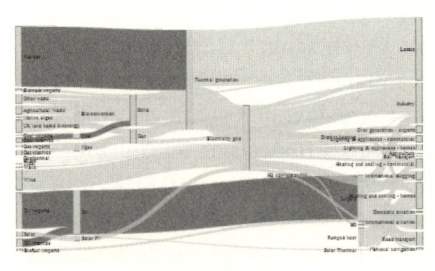

Abbildung S1: negativer Rahmen 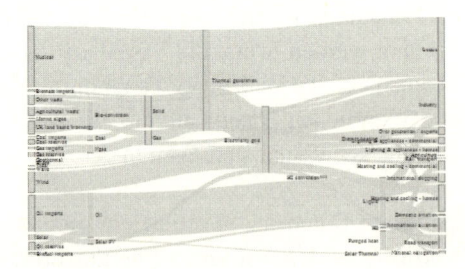   Abbildung S2: positiver Rahmen

Der *Verankerungseffekt* beschreibt, dass die Erkenntnis der Information durch den Kontext beeinflusst wird, in dem die Information eingebettet ist. Die Erwartung an das Gesehene ist mit dem verankert, was unmittelbar zuvor angesehen wurde. In diesem Licht wird dann auch das interpretiert, was später gesehen wird. Dieser Effekt tritt beispielsweise bei der Betrachtung eines Bildes in Abhängigkeit davon zutage, was unmittelbar daneben, davor, oder danach gesehen wird (Berger, 1973).

In Bezug auf das Ausleuchten des insofern existierenden blinden Flecks bedeutet dies, dass alle bei einer Visualisierung existierenden Anker im Kontext entfernt und durch einen anderen gegensätzlich angeordneten Anker ersetzt werden müssen. Mit anderen Worten: Die Legenden und Beschreibungen (bzw. alle Komponenten) der BD-Visualisierung müssen beachtet und variiert werden, damit ihre Effekte getestet werden können.

In diesem Fall soll der Verankerungseffekt anhand von Heatmaps erläutert werden, indem zwei unterschiedliche Heatmaps für das gleiche Datenmaterial bereitgestellt werden. Der einzige Unterschied besteht dabei in der Art der verwendeten Korrelation (Bravais Pearson-Korrelation für linearen Zusammenhang versus Sparman-Korrelation für monotonen Zusammenhang). Die Berechnung der Heatmaps in R in einem solchen Fall beinhaltet, dass Variablen automatisch nach der Höhe der Korrelationen sortiert werden. Dies führt hier dazu, dass die Korrelationsmatrizen von Abbildung H1 und die Abbildung H2 deutlich unterschiedlich erscheinen, da die Spalten unterschiedlich sortiert wurden.

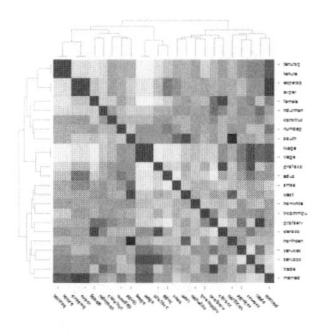

Abbildung H1: Beziehungen 1 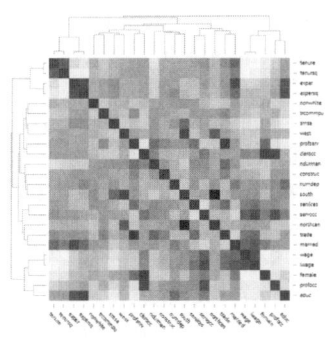   Abbildung H2: Beziehungen 2

Als Ergebnis der automatischen Spaltensortierung, werden die Ähnlichkeiten zwischen den Variablen in Abbildung H1 wohl anders als in Abbildung H2 beurteilt. Das geschieht, weil die Ähnlichkeiten, in denen man verankern kann, unterschiedlich verteilt sind. Dies zeigt, dass Anker nicht nur durch aktiv ausgewählte grafische Aspekte von Plots ausgelöst/beeinflusst werden können, sondern durch alle vorangegangenen Operationen, die verwendet werden, um von den Rohdaten zum endgültigen Plot zu gelangen. In unserem Fall ergeben sich durch die einfache Anwendung einer etwas anderen Korrelation (als eine beliebige Art und Weise, um Informationen über Datensätze zu aggregieren) marginal unterschiedliche Korrelationswerte, die aber ausreichen, um eine unterschiedliche Spaltenanordnung und eine andere farbliche Darstellung zu ergeben. Die Botschaft, die durch dieses Beispiel vermittelt wird, ist, dass ein Mangel an Bewusstsein über den Einfluss der automatischen Funktionen auf Darstellungen dazu führen könnte, dass ein Anker gesetzt wird, der dann eine auf dieser Basis gebildete Interpretation beeinflusst. Wenn ein kritisches Bewusstsein für solche Effekte geschult werden soll, dann ist es wichtig, verschiedene Darstellungen auszuprobieren und die Standardeinstellungen der zur graphischen Veranschaulichung verwendeten Funktionen zu hinterfragen.

Die *Repräsentativitätsheuristik* beschreibt den Irrtum, dass die Menschen ein Ereignis als wahrscheinlicher beurteilen, nur weil seine Strukturen mehr dem eines bereits bekannten Ereignisses entsprechen.

In Bezug auf den zu beachtenden – psychologisch bedingten – blinden Fleck bedeutet dies, dass aktiv erforscht werden muss, welche Assoziationen an eine bestimmte Visualisierung geknüpft werden können. So soll eine Visualisierung gewählt werden, die repräsentativer und damit relevanter als eine andere Visualisierung ist. Es muss getestet werden, ob mit der gewählten Visualisierung die gesamte Information richtig verstanden wird. Zum weiteren testen, können dann verschiedene Visualisierungen miteinander verglichen werden.

Betrachtet sei eine typische Situation, in welcher predictive analytics zum Einsatz kommt. Es wird angenommen, dass wir uns bereits im Jahr 2050 befinden und dass sich Abbildung S2 materialisiert hat. Es wird weiter angenommen, dass ab 2051 die Ölreserven völlig erschöpft sind. Es werden die zwei Abbildungen S3 und S4 zur Verfügung gestellt. Während Abbildung S3 identisch mit dem Prototyp, d. h. der Abbildung S2 ist (mit Ausnahme des Ölreservenstroms), sind in Abbildung S4 die verschiedenen Quellen umsortiert. Die meisten Betrachter würden darum vermutlich S3 gegenüber S4 als wahrscheinlicher einschätzen. Wenn die Probanden dann mit der Information konfrontiert werden, dass beide Ströme identisch sind, macht dies auf die Existenz eines zuvor unbemerkten Einflussfaktors, nämlich des Prototyps aufmerksam.

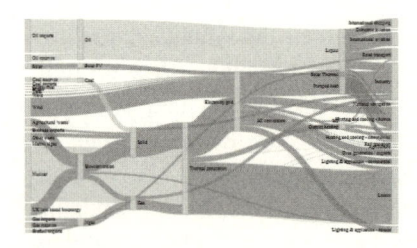

Abbildung S2 (zur Erinnerung)

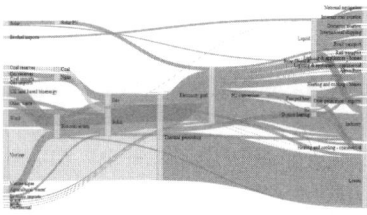

Abbildung S3: prototypähnlich 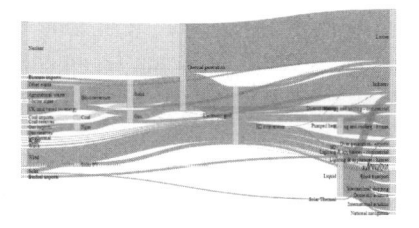   Abbildung S4: prototypunähnlich

Nach der *Verfügbarkeitsheuristik* werden für die Betrachtung von Visualisierungen primär Erfahrungen in Betracht gezogen, die kognitiv leicht verfügbar sind, weil ähnliches vor kurzer Zeit betrachtet wurde. Kognitiv weiter entfernte Erfahrungen werden vernachlässigt.

In Bezug auf die dadurch hervorgerufenen (psychologisch bedingten) blinden Flecken bedeutet das, dass man auch, wenn jede Visualisierung einen eigenen Prototyp hat, in den eigenen Gedanken abklären soll, was mit diesen Visualisierungen assoziiert wird und welche alternativen Prototypen die eigene Interpretation verändern könnten.

Ein Ausdruck der Wirkung der Verfügbarkeitsheuristik ist in den folgenden zwei Abbildungen gegeben. Fragt man sich alternativ auf der Grundlage von Abbildung H3 oder H4, ob bestimmte Variablen durch Korrelationen eines ähnlichen Grades gekennzeichnet sind, werden viele zu unterschiedlichen Ergebnissen gelangen. In Abbildung H3 sind Ähnlichkeiten der Spalten grafisch leicht erkennbar und damit verfügbar, sind doch die meisten ähnlichen Farben (die ähnliche Korrelationen darstellen) in unmittelbarer Nähe zueinander (grün, rosa). Viel schwieriger ist es, solche Ähnlichkeiten in Abbildung H4 zu identifizieren. Es versteht sich von selbst, dass ein solches Problem sehr relevant sein könnte, wenn solche Visualisierungen in Management-Meetings unter Zeitdruck präsentiert werden und darauf basierende Entscheidungen ebenfalls unter Zeitdruck getroffen werden müssen.

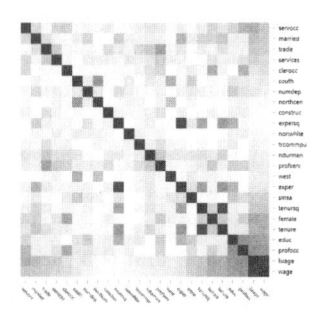

Abbildung H3: nach Ähnlichkeiten sortiert 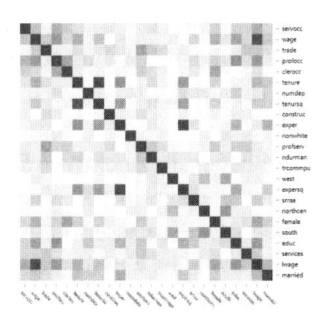   Abbildung H4: nach Unähnlichkeiten sortiert

Der *Anpassungseffekt* bedeutet, dass eine Salami-Taktik um negative Nachrichten zu liefern, eine größere Toleranz für negative Nachrichten auslösen könnte, als es der Fall wäre, wenn alle Nachrichten zusammen genommen würden.

Für die Erarbeitung blinder Flecken bedeutet dies, dass man gedanklich mit Aggregationen bzw. Disaggregationen experimentieren sollte, man also „Salamischeiben" dazunehmen bzw. wegnehmen sollte.

Zu diesem Zweck seien die folgenden beiden Abbildungen S5 und S6 betrachtet. Der Unterschied zwischen den beiden Abbildungen ist, dass S5 teils kritisierte Quellen der Energieversorgung in Segmente teilt, während S6 alle kritisierten Quellen zusammenlegt. Wenn man auf der Grundlage einer der beiden Abbildungen bewerten würde, wie problematisch diese Energiequellen sind, dann ist zu erwarten, dass diejenigen, die auf Basis von S5 urteilen, die Energiequellen als weniger problematisch einstufen werden, als diejenigen, die auf Basis von S6 urteilen.

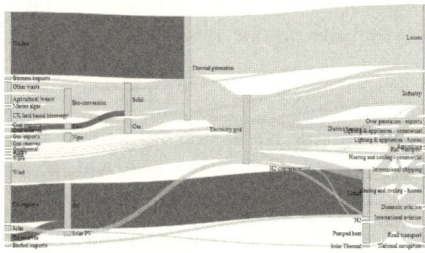

Abbildung S5: Disaggregierte Quellen   Abbildung S6: Aggregierte Quellen

4. Diskussion und Zusammenfassung

Die oben erläuterten Zusammenhänge zeigen zum einen die Notwendigkeit, für die Existenz blinder Flecken in BD-Visualisierungen zu sensibilisieren. Sie zeigen zum anderen typische psychologische Fallstricke bei der Entwicklung von Entscheidungen auf der Grundlage von BD-Visualisierungen. Es wird auch aufgezeigt, warum Rückschlüsse aus verschiedenen Visualisierungen unterschiedlich sein können und warum es so wichtig ist, auf der Basis verschiedener Visualisierungen zu urteilen.

Der Ausgangspunkt für den Perspektivenwechsel auf die Ausleuchtung psychologisch bedingter blinder Flecken in den Visualisierungen von BD-Ergebnissen war, dass es bei den großen Datenmassen keine „wahrhaft" objektiven Beweise mehr gibt, die auf BD basieren. Dies bewirkt, dass viele Visualisierungen von BD möglich sind und dass zwischen deren Aussagegchalt in Bezug auf die Wirklichkeit nur bedingt unterschieden werden kann. Mit BD verändert sich mithin die Lage eines Informationsadressaten, da er sich dessen bewusst sein muss, dass Entscheidungsgrundlagen auf dieser Basis sehr viel stärker aktiv produziert werden, jedoch meist nur aus einer Perspektive (Morgan, 1988). Zumindest wesentliche mögliche Fehlinterpretationen sollen durch das Training des gedanklichen Durchspielens alternativer grafischer Visualisierungen vermieden werden. Im Optimalfall wird so ein vernünftiger Umgang mit BD-Visualisierungen für Entscheidungsträger insofern ermöglicht, als alternative Visualisierungen erlauben, über Themen und deren Einordnung zu reflektieren und zu diskutieren. Im Gegensatz zu dem, was immer wieder zitierte Begriffe wie „evidenzbasierte Entscheidungen", „evidenzbasiertes Controlling", „evidenzbasiertes Management" suggerieren, wurde in diesem Kontext noch deutlicher, dass objektive Beweise nicht existieren und dass die Bedeutung von Fakten ein Ergebnis von Dialog, Konversation, Diskussion und letztlich Überzeugung und gerade nicht der reinen Fakten an sich ist (Morgan, 1988, S. 484).

Referenzen

Bennis, W. G., & O'Toole, J. (2005). How business schools lost their way. *Harvard business review*, *83*(5), 9–04.

Berger, J. (1973). *Ways of Seeing; A Book Made by John Berger*. Viking Press.

Brown-Liburd, H., Issa, H., & Lombardi, D. (2015). Behavioral implications of Big Data's impact on audit judgment and decision making and future research directions. *Accounting Horizons*, *29*(2), 45–68.

Cheng, J., & Galili T. (2016). *d3heatmap: Interactive Heat Maps Using 'htmlwidgets' and 'D3.js'*. R package version 0.6.1.1. https://CRAN.R-project.org/package=d3heatmap.

Chua, W. F. (2007). Accounting, measuring, reporting and strategizing–Re-using verbs: A review essay. *Accounting, Organizations and Society*, *32*(4), 48–94.

Few, S. (2004). Show me the numbers. *Analytics Pres*.

Davison, J. (2014). Visual rhetoric and the case of intellectual capital. *Accounting, Organizations and Society*, *39*(1), 2–7.

Gandrud, C., Allaire, J. J., Russell, K., Lewis, B. W., Kuo, K., Sese, C., ... & Rogers, J. (2016). networkD3: D3 JavaScript Network Graphs from R. *R package version* 0.2.13. https://CRAN.R-project.org/package=networkD3

Gänßlen, S. & Losbichler, H. (2015). Big Data – ein Segen für das Controlling? White Paper des Internationalen Controller Vereins.

Hayfield, T., & Racine, J. S. (2008). Nonparametric econometrics: The np package. *Journal of statistical software*, *27*(5), –2. URL http://www.jstatsoft.org/v27/i05/.

Losbichler, H. (2015). Controlling 4.0: Muster des Wandels, in: Controlling und Industrie 4.0. Konzepte, Instrumente und Praxisbeispiele für die erfolgreiche Digitalisierung, Der Controlling-Berater, hrsg. v. Gleich, R. & Klein, A., 43–60.

Morgan, G. (1988). Accounting as reality construction: towards a new epistemology for accounting practice?, *Accounting, Organizations and Society*, 13(5), 47–85.

R Core Team (2016). R: A language and environment for statistical computing. R Foundation for Statistical Computing, Vienna, Austria. URL https://www.R-project.org/.

Tufte, E. R. (1997). *Visual and statistical thinking: Displays of evidence for making decisions* (Vol. 13). Cheshire, CT: Graphics Press.

Vasarhelyi, M. A., Kogan, A., & Tuttle, B. M. (2015). Big data in accounting: An overview. *Accounting Horizons*, *29*(2), 38–96.

Wong, D. M. (2010). *The Wall Street Journal guide to information graphics: The dos and don'ts of presenting data, facts, and figures*.

Wooldridge, J. M. (2000). Limited dependent variable models and sample selection corrections. *Introductory econometrics. A modern approach*, 5, 58–30.

Anhang

Berechnungen

Alle Berechnungen wurden mit der Statistiksoftware R erstellt (R Core Team, 2016), 64-bit version 3.3.2. Die Sankey Diagramme wurden mittels der Funktion *sankeyNetwork* aus dem Package *networkD3* erstellt (Gandrud, Allaire, & Russel, 2016). Die Heatmapswurden mittels *d3heatmap*-function des *d3heatmap*-package erstellt (Cheng & Galili, 2016). Der *R*-Code zur Reproduktion aller Plots ist auf Anfrage verfügbar.

Datenquellen

Der Energiedatensatz für die Sankey-Plots ist abrufbar unter:
Https://cdn.rawgit.com/christophergandrud/networkD3/master/JSONdata/energy.json

Die Hilfedatei der Funktion *sankeyNetwork* aus dem networkD3-Paket bietet Informationen, wie man auf die Daten von R zugreifen kann. Die Homepage von Mike Bostock ist unter https://bost.ocks.org/mike/sankey/ zu finden und enthält die Datenbeschreibung.

Für die Korrelationsmatrizen aller Heatmaps werden die Lohndaten von Wooldridge (2000) verwendet. Diese sind in R im *np-Paket* von Hayfield und Racine (2008) zu finden. Die Daten decken 526 Querschnittsbeobachtungen aus der U.S. Current Population Survey für das Jahr 1976 ab und setzen den durchschnittlichen Stundenlohn von 526 Mitarbeitern in Bezug zu 23 erklärenden Variablen (z. B. Alter, Position, Geschlecht).

Digitale Trends der Wirtschaftsprüfung

Prof. Dr. Oliver Thomas
Leiter des Fachgebiets für Informationsmanagement und Wirtschaftsinformatik, Universität Osnabrück

Johannes Langhein
Wissenschaftlicher Mitarbeiter des Fachgebiets für Informationsmanagement und Wirtschaftsinformatik, Universität Osnabrück

Dr. Andreas Kiesow
Wissenschaftlicher Mitarbeiter des Fachgebiets für Informationsmanagement und Wirtschaftsinformatik, Universität Osnabrück

Sebastian Osada
Wissenschaftlicher Mitarbeiter des Fachgebiets für Informationsmanagement und Wirtschaftsinformatik, Universität Osnabrück

Inhaltsübersicht

1.	Einleitung	67
2.	Industrie 4.0	68
2.1	Prinzipien und technologische Voraussetzungen der Industrie 4.0	68
2.2	Implikationen für die Wirtschaftsprüfung	69
3.	Künstliche Intelligenz	70
3.1	Künstliche Intelligenz als wissenschaftliche Disziplin	70
3.2	Implikationen für die Wirtschaftsprüfung	72
4.	Mobility	72
4.1	Mobile Endgeräte und Anwendungsszenarien	72
4.2	Implikationen für die Wirtschaftsprüfung	74
5.	Cloud Computing	75
5.1	Die internetbasierte Bereitstellung von IT-Infrastruktur als Dienstleistung	75
5.2	Implikationen für die Wirtschaftsprüfung	77
5.2.1	Cloud-Systeme als Nutzungsobjekt	77
5.2.2	Cloud-Systeme als Prüfobjekt	77
6.	Hybride Wertschöpfung	78
6.1	Digitalisierung von Dienstleistungen	78
6.2	Implikationen für die Wirtschaftsprüfung	80
7.	Fazit und Ausblick	81
8.	Literaturverzeichnis	82

1. Einleitung

Die Bedeutung der Digitalisierung nimmt stetig zu – dies bestätigt aktuell die Familienunternehmer-Umfrage 2017 im Auftrag der Deutschen Bank und des Bundesverbandes der Deutschen Industrie (IfM Bonn 2017). In dieser Studie schätzen rund 60 Prozent der befragten Unternehmen die Bedeutung der Digitalisierung für das eigene Unternehmen als hoch bzw. sehr hoch ein. Zudem wird angegeben, dass die Investitionen in die Digitalisierung bis 2019 auf durchschnittlich etwa drei Prozent des Umsatzes erhöht werden sollen. Ferner haben 58 Prozent erwähnt, dass die Nutzung großer Datenmengen für das Geschäft eine hohe Bedeutung haben wird. Im Vergleich zu der Befragung in 2016 haben sich diese Zahlen insofern maßgeblich erhöht. Die Umsetzung hingegen fällt vielen Unternehmen weiterhin schwer. Dabei ist das mit Abstand größte Umsetzungshemmnis das fehlenden Know-how der Mitarbeiter (43 Prozent), gefolgt von fehlenden Schnittstellen für den Austausch von Daten mit Zulieferern und Kunden (37 Prozent), Bedenken wegen der IT-Sicherheit (36 Prozent) und der notwendige Wandel in der Unternehmenskultur (35 Prozent).

Ähnlich wie der deutsche Mittelstand tut sich auch der Berufsstand der Wirtschaftsprüfer schwer, digitale Technologien umzusetzen und zu adaptieren (Curtis & Payne 2008; Kim et al. 2009; Bierstaker et al. 2014; Cangemi 2015, 2016). In Wissenschaft und Praxis wird in diesem Zusammenhang vor allem diskutiert, inwieweit manuell ausgeführte und oftmals zeit- und arbeitsintensive Aufgaben des Wirtschaftsprüfers digitalisiert und automatisiert werden können (Agnew 2016; Dai & Vasarhelyi 2016; Kiesow & Thomas 2016; Rapoport 2016; Rega & Teipel 2016; Kokina & Davenport 2017). Die Digitalisierung und die damit erreichbare Automatisierung der Tätigkeiten stellen gleichermaßen Notwendigkeit und Voraussetzung dar, um die wachsenden Datenvolumina noch angemessen analysieren und beurteilen zu können (Kokina & Davenport 2017).

In den vorliegenden Untersuchungen werden dabei digitale Trends und deren Auswirkungen auf die Wirtschaftsprüfung häufig getrennt voneinander betrachtet. Beispiele hierfür sind *Industrie 4.0* (Dai & Vasarhelyi 2016), *Cloud Computing* (Abo-Alian et al. 2015), *Künstliche Intelligenz* (Kokina & Davenport 2017) und *digitale Geschäftsmodelle* (Kiesow & Thomas 2017). In der Literatur fehlen darüber hinaus Beiträge zur Beurteilung der Auswirkungen der digitalen Trendthemen *Mobility* und *Product-Service-Systems* (PSS, Hybride Wertschöpfung). Ziel dieses Beitrags ist es daher, diese digitalen Trends gemeinsam zu betrachten und deren Potenziale für zukünftige Arbeitsabläufe in der Wirtschaftsprüfung aufzuzeigen. Ferner soll dieser Beitrag mögliche neue Geschäftsmodelle diskutieren, die sich im Zuge der Digitalisierung für den Wirtschaftsprüfer ergeben.

2. Industrie 4.0

2.1 Prinzipien und technologische Voraussetzungen der Industrie 4.0

Die Initiative bzw. das Projekt „Industrie 4.0" wurde mit dem Ziel ins Leben gerufen, technologische und wirtschaftliche Hemmnisse zu beseitigen und die Realisierung und den Einsatz von sog. Smart Factories zu forcieren (Acatech 2011). Dabei ist die Industrie 4.0 auf sechs wesentlichen Prinzipen aufgebaut (Dai & Vasarhelyi 2016; Hermann et al. 2016):

1. Kompatibilität,
2. Virtualisierung,
3. Echtzeitfähigkeit,
4. Dezentralisierung,
5. Serviceorientierung und
6. Modularität.

Das Prinzip der Kompatibilität umfasst einerseits die Fähigkeit der Vernetzung von Objekten (z. B. Vernetzung eines Autos mit der Ampel) und zum anderen die Kommunikation dieser vernetzten Objekte (Drath & Horch 2014). An dieser Stelle gilt zum einen, dass sämtliche Informationen in Bezug auf den Zustand, den Standort, die Umgebung etc. der Objekte erfasst, kommuniziert und analysiert werden können (Prinzip der Virtualisierung) (Drath & Horch 2014). Zum anderen muss diese Erfassung, Kommunikation und Analyse zu jedem Zeitpunkt und darüber hinaus auch in Echtzeit möglich sein (Prinzip der Echtzeitfähigkeit). Das Prinzip der Dezentralisierung besagt, dass jedes der Objekte individuelle Entscheidungen und Anpassungen vornehmen kann. Das wiederum steht in einem engen Zusammenhang mit dem Prinzip der Modularität, welches vorgibt, dass die Objekte wie Bausteine in unterschiedlichen Variationen zusammengesetzt werden können. Das Prinzip der Serviceorientierung beschreibt ein wichtiges Geschäftsmodell in der Ära Industrie 4.0, in dessen Rahmen jede Ressource, wie z. B. die Fertigung, Lagerung, Arbeitskräfte, Expertenwissen etc., über ein Netzwerk angeboten werden kann und die Unternehmen je nach Serviceleistung bezahlen (Hermann et al. 2016). Die Voraussetzungen und gleichzeitig auch die wesentlichen Ziele der Industrie 4.0 sind die Erhöhung der Datenverfügbarkeit, die kontinuierliche Überwachung und Bewertung von Daten sowie die Verbesserung der Automatisierung von Prozessen (Dai & Vasarhelyi 2016). Dabei ist von zentraler Bedeutung die Flexibilität von existierenden Wertschöpfungsketten zu erhöhen, indem die Transparenz der eingehenden und ausgehenden Logistik, der Produktion, des Marketings und weitere Unternehmensfunktionen wie das Rechnungs- und Personalwesen maximiert wird (Dai & Vasarhelyi 2016).

Eine entscheidende technologische Grundlage der Industrie 4.0 ist die Anwendung von sog. „Remote Devices" (Dai & Vasarhelyi 2016), die bereits schon jetzt vielfach in Produkten, Geräten und sonstigen Objekten eingebettet sind (z. B. RFID-Chips). Durch die zunehmende Vernetzung und Anwendung dieser Technologien entstehen Cyberphysikalische Systeme (CPS), die auf diese Weise die physikalische Welt mit der virtuellen Welt zu einem Internet der Dinge, Daten und Dienste (Internet of Things) verknüpfen bzw. verschmelzen, indem diese Produkte, Geräte und Objekte mit eingebetteter Hardware und Software über Anwendungsgrenzen hinweg interagieren (Acatech 2011). Mithilfe von Sensoren verarbeiten die Systeme Daten aus der physikalischen Welt und machen sie für netzbasierte Dienste verfügbar, die durch Aktoren direkt auf Vorgänge in der physikalischen Welt einwirken können. Die Entwicklungsschritte von der Einbettung von Systemen in Objekten hin zu einem Internet der Dinge, Daten und Dienste sind in Abbildung dargestellt.

| Internet der Dinge, Daten und Dienste (Vision) |
| (z. B. Smart City) |
| Cyber-Physical Systems |
| (z. B. intelligente vernetzte Kreuzung) |
| Vernetzte eingebettete Systeme |
| (z. B.: autonomes Fliegen) |
| Eingebettete Systeme |
| z. B.: Airbag |

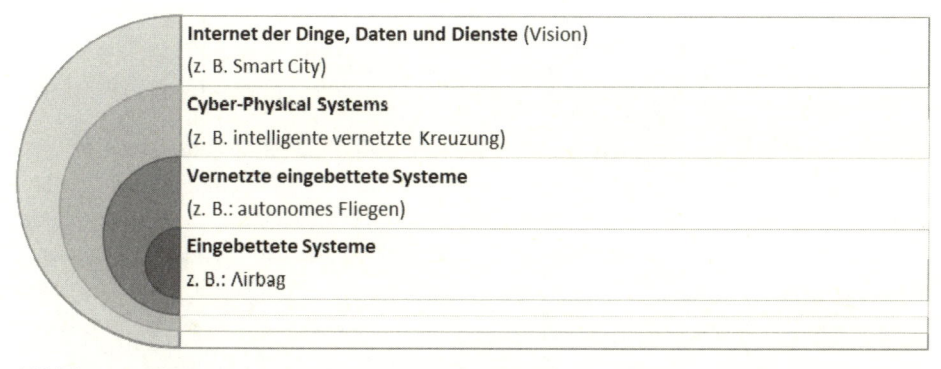

Abbildung 1: Die Evolution eingebetteter Systeme zum Internet der Dinge, Daten und Dienste (in Anlehnung an acatech 2011)

2.2 Implikationen für die Wirtschaftsprüfung

Für die Wirtschaftsprüfung ist eine Auseinandersetzung mit den Prinzipien und Technologien der Industrie 4.0 unabdingbar, um weiterhin einen Austausch und Zugriff von prüfungsrelevanten Informationen sicherzustellen (Dai & Vasarhelyi 2016). Die Datenanalyse, Datenmodellierung und Datenvisualisierung sowie die Mustererkennung, Abweichungsidentifizierung und Extraktion von nützlichen Informationen muss in Anlehnung an die Konzeption der Industrie 4.0 angepasst werden, um in einer vernetzten Welt eine effektive, effiziente und echtzeitfähige Gewissheit zu erlangen (Dai & Vasarhelyi 2016). Die im vorstehenden Absatz genannten Prinzipien und Technologien der Industrie 4.0 können dabei als Grundlage dienen.

Die nachfolgende Abbildung 2 stellt ein potenzielles Modell für eine „Wirtschaftsprüfung 4.0" in Anlehnung an die Visionen und Konzeptionen der Industrie 4.0 dar. Auch die Wirtschaftsprüfer und dessen Systeme wären demnach sowohl in der physikalischen Welt, als auch im Internet der Dinge, Daten und Dienste mit den Systemen der zu prüfenden Unternehmen vernetzt. Außerdem wäre der Wirtschaftsprüfer entsprechend des Prinzips der Serviceorientierung mit einer dritten Partei vernetzt, die ihn beispielsweise durch Softwarebereitstellung und -entwicklung sowie durch vorbereitende Datenanalysen und -auswertungen unterstützt. Eine Vielzahl von Prüfungshandlungen im Rahmen der Abschlussprüfung erfolgen dabei nicht mehr nur einmalig je Periode, sondern werden kontinuierlich auf Basis eines echtzeitlichen Datenaustauschs zwischen dem Wirtschaftsprüfer und dem Mandanten durchgeführt (Kiesow & Thomas 2016).

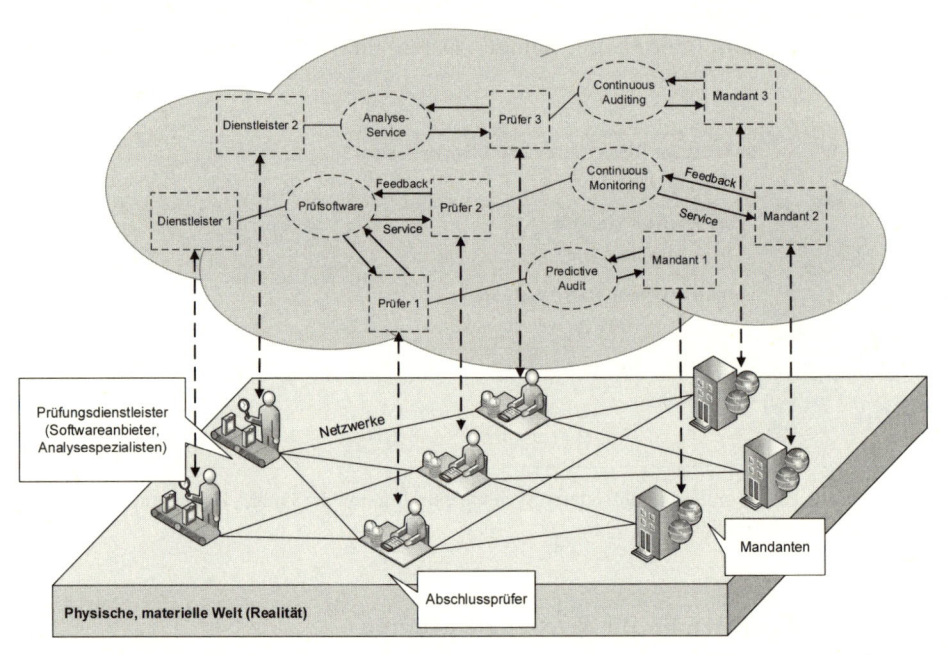

Abbildung 2: Anwendung des Internets der Dinge, Daten und Dienste in der Wirtschaftsprüfung (Dai & Vasarhelyi 2016)

3. Künstliche Intelligenz

3.1 Künstliche Intelligenz als wissenschaftliche Disziplin

Die Künstliche Intelligenz (KI) kann als eine interdisziplinäre, wissenschaftliche Disziplin bezeichnet werden, die das Ziel verfolgt, menschliche Wahrnehmungs- und Verstandsleistungen zu operationalisieren und durch Artefakte, kunstvoll gestaltete technische – insb. informationsverarbeitende – Systeme verfügbar zu machen (Adler et al. 1992). Eine immer wiederkehrende Frage, die sich im Zusammenhang mit Künstlicher Intelligenz stellt ist, inwieweit einem System Künstliche Intelligenz (KI) zugeschrieben werden kann und wie Intelligenz eigentlich definiert ist. Der Psychologe William Stern bezeichnete im Jahre 1912 die Intelligenz „als eine allgemeine Fähigkeit eines Individuums, sein Denken bewusst auf neue Forderungen einzustellen; sie ist allgemeine geistige Anpassungsfähigkeit an neue Aufgaben und Bedingungen des Lebens." Nach diesem ersten „Definitionsversuch" hat es viele weitere Versuche gegeben, eine zusammenhängende Intelligenztheorie zu beschreiben und trotz einer Vielzahl von unterschiedlichsten Ansätzen herrscht eine breite Übereinstimmung darin, unter Intelligenz „höhere" mentale Prozesse wie Erkenntnisvermögen, abstraktes Denken, Repräsentation, Urteilsfähigkeit, Problemlösen und Entscheidungsfindung zu subsumieren (Görz et al. 2013).

Von diesem Hintergrund ausgehend, haben sich zwei wesentliche Thesen zur Künstlichen Intelligenz entwickelt, nämlich die „starke KI-These" und die „schwache KI-These (Görz et al. 2013). Die starke KI-These besagt, dass Bewusstseinsprozesse nichts Anderes als Berechnungsprozesse sind, d. h. Intelligenz und Kognition wird auf bloße Informationsverarbeitung reduziert. Die schwache KI-These hingegen betrachtet hingegen Informationsverarbeitung als eines von vielen Merkmalen von Intelligenz.

Im Hinblick auf die Umsetzung bzw. Anwendung von Künstlicher Intelligenz gibt es eine Vielzahl von verschiedenen Zweigen bzw. Teildisziplinen (Erxleben et al. 1992; Görz et al. 2013), wie z. B.

1. Künstliche Neuronale Netze,
2. Heuristische Suchverfahren und Problemlösemethoden oder
3. Maschinelles Lernen und Data Mining.

Künstliche Neuronale Netze arbeiten nach dem Vorbild des menschlichen Gehirns (Küting & Weber 2012) und werden als lernendes System insb. in der Lösung komplexer und schlecht strukturierter Probleme angewendet (Erxleben et al. 1992). Heuristischen Suchverfahren oder heuristischen Problemlösemethoden basieren auf Heuristiken bzw. Denkregeln, mit deren Hilfe sich der Aufwand zum Auffinden einer Lösung in komplexen Problemen reduzieren lässt (Grünig & Kühn 2017). Die wesentlichen Vorteile von heuristischen Verfahren liegen dabei im weitgehenden Fehlen von formalen Anwendungsbedingungen und in ihrem relativ geringen Anwendungsaufwand (Grünig & Kühn 2017). Das Maschinelle Lernen hingegen beschäftigt sich, ebenso wie die eng verwandten Nachbargebiete des Data Mining bzw. der Wissensentdeckung in Datenbanken (Knowledge Discovery in Databases, KDD) mit der computergestützten Modellierung und Realisierung von Lernphänomenen, der Extraktion von Wissen aus großen Datenbeständen und der Realisierung adaptiver Systeme (Wrobel et al. 2013). Maschinelles Lernen und Data Mining stellen dabei eine Grundlage für Lernalgorithmen in Suchmaschinen, die Ergebnisse gut sortieren, Vorlieben für Kinofilme und andere Produkte entlarven (Bell et al. 2010), den Missbrauch von gestohlenen Kreditkarten und andere betrügerische Aktivitäten (Phua et al. 2010) und Spamfilterung in E-Mails vornehmen (Guzella & Caminhas 2009; Wrobel et al. 2013).

3.2 Implikationen für die Wirtschaftsprüfung

Die Wirtschaftsprüfung wird sich aufgrund von technologischen Fortschritten in der Datenanalyse, speziell durch den Einsatz von Werkzeugen der Künstlichen Intelligenz verändern (Agnew 2016). Die Erfüllung kognitiver Aufgaben im Rechnungswesen und in der Wirtschaftsprüfung durch Künstliche Intelligenz wurde zwar schon vor 60 Jahren diskutiert (Keenoy 1958), allerdings besaß die Angebotsseite lange Zeit nicht die Fähigkeit, entsprechende Soft- und Hardware zu liefern. Diese Fähigkeit kann allerdings eine Lösung für eine zunehmend auftretende Problematik sein, nämlich dass Analysen von Massendaten und Entscheidungsmaßnahmen basierend auf diesen Daten durch traditionelles bzw. manuelles Vorgehen immer schwieriger werden (Kokina & Davenport 2017). Das Angebot von Technologien der Künstlichen Intelligenz und die Nachfrage nach deren Fähigkeiten könnte daher nach vielen Jahren zusammenfinden.

Der wesentliche Fokus bei der Realisierung von Künstlicher Intelligenz in der Wirtschaftsprüfung liegt gegenwärtig in der Automatisierung von solchen Prüfungshandlungen (Rapoport 2016), die strukturiert und wiederkehrend sind und zum gegenwärtigen Zeitpunkt bei ihrer Durchführung technisch unterstützt werden (Agnew 2016). Die Durchführung dieser Aufgaben ist derzeit noch mit einem hohen Zeitaufwand und einem großen Personaleinsatz verbunden. KI-Technologien könnten daher einen wesentlichen Beitrag zur Minderung des Personal- und Zeitaufwands für diese Aufgaben liefern, sodass Ressourcen für die Erfüllung anderer bzw. neuer Aufgaben freiwerden. Darüber hinaus sind moderne Werkzeuge der Künstlichen Intelligenz mittlerweile in der Lage, Schlagwörter und Muster in komplexen elektronischen Dokumenten zu identifizieren sowie relevante Informationen für den Wirtschaftsprüfungsprozess aus verschiedenen Quellen zu erschließen und auszuwerten (Agnew 2016). Diese Fähigkeit eignet sich beispielsweise bei der Risikobeurteilung, da auf diese Weise der Prüfungsansatz bzw. die Prüfungsschwerpunkte noch gezielter definiert und gelenkt werden können (Rega & Teipel 2016).

4. Mobility

4.1 Mobile Endgeräte und Anwendungsszenarien

Mobile Endgeräte werden nicht nur im privaten Umfeld, sondern verstärkt auch im Arbeitskontext verwendet. Vorreiter sind dabei vor allem nichtstationäre Anwendungsgebiete, die durch dynamische Prozesslandschaften geprägt sind und daher besondere Anforderungen an die Mobilität und Flexibilität der ausführenden Mitarbeiter stellen (Zobel et al. 2016). Unter dem zusammenfassenden Begriff „Mobile Endgeräte" können dabei folgende Techniken und Werkzeuge betrachtet werden:

1. Smartphones und Tablets,
2. Datenbrillen und
3. Videobrillen.

Smartphones und Tablets sind mobile Kleinstcomputer mit berührungssensitiven Bildschirmen und der Möglichkeit, über eine Funk- oder Kabelverbindung Daten mit anderen Computern auszutauschen, Multimedia-Inhalte wiederzugeben und eine Verbindung zum Internet herzustellen (Leimeister 2015). Durch intelligente mobile Assistenzsysteme, wie Smartphones oder Tablets, kann die Produktivität von Dienstleistungen gesteigert und zu mobilen Dienstleistungen („Mobile Services") erweitert werden. Durch die permanente Verfügbarkeit von Informationen und Plattformen können die Qualität der Dienstleistung und die Autonomie der Anwender erhöht werden. Ein beispielhaftes Anwendungsszenario ist der Technische Kundendienst im Maschinen- und Anlagenbau (Matijacic et al. 2013).

Datenbrillen („Smart Glasses") verfügen über eingebettete Systeme, die zur Erkennung und Anzeige von Informationen in der Realität genutzt werden können. Damit sind digitale Erweiterungen in der Realität möglich, die in der in der realen Umgebung des Trägers angezeigt werden („Augmented Reality"). Ein Anwendungsfall für Datenbrillen ist die Logistikbranche. Datenbrillen, wie z. B. Google Glass, ermöglichen hier die durchgängige Unterstützung mittels intelligenter Einblendungen während der Tätigkeiten und führen somit zu einer höheren Qualität der Arbeitsabläufe und zu einer niedrigeren Fehlerrate in relevanten Bereichen, z. B.. Einlagerung, Bereitstellung, Kommissionierung und Umschlag. Der Einsatz von Datenbrillen kann eine ergonomischere Arbeitsweise und eine höhere Sicherheit am Arbeitsplatz unterstützen, da bspw. die Hände freibleiben und, im Gegensatz zu Smartphones und Tablets, das Tippen oder Blättern entfällt (Niemöller et al. 2017). Derart unterstützte Dienstleistungen werden als „Wearable Services" bezeichnet.

Videobrillen (VR-Brillen, „Data Goggles"), z. B. Samsung Gear-VR oder Oculus Rift, enthalten eingebettete Systeme, die dem Anwender eine vollständig virtuelle Welt anzeigen und ihm die Interaktion mit dieser ermöglichen. Dazu können z. B. zusätzliche Komponenten verwendet werden, die Handbewegungen wie Greifen oder Loslassen in die virtuelle Welt übertragen (Metzger et al. 2016). Einsatzmöglichkeiten für diese Technik finden sich vor allem in der Aus- und Weiterbildung. Dabei können mithilfe virtueller Welt Szenarien geschaffen werden, die in der Realität zu teuer oder impraktikabel wären. Beispiele dafür sind Ausbildungen für die Reparatur an Windkrafträdern sowie für komplexe Landmaschinen, von denen es nur eine geringe Anzahl gibt und deren Auseinander- und Wiederaufbau zu teuer wären (Metzger et al. 2017). Durch holografische Erweiterung der realen Welt ermöglichen Videobrillen zudem die Entwicklung komplexer Maschinen („Mixed Reality"). Darüber hinaus ist die ortunabhängige Kollaboration in virtuellen Räumen möglich. Die Techniken sind in Abbildung 3 zusammengefasst dargestellt.

Realität	Erweiterte Realität (augmented reality)		Virtuelle Realität (virtual reality)
Technikebene			
Smartphones, Tablets	Datenbrillen (smart glasses)	Videobrillen (data goggles)	
		Holografie-Brillen	VR-Brillen
Anwendungsebene			
Mobile Services	Wearable Services	Engineering	Aus- und Weiterbildung

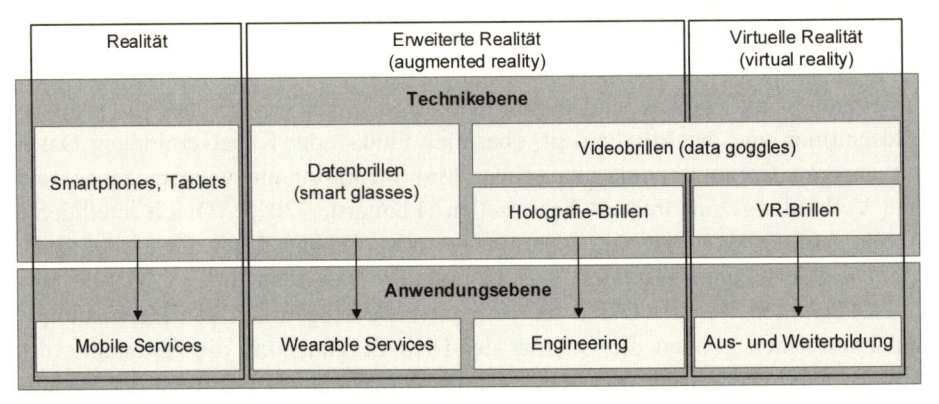

Abbildung 3: Überblick über mobile Endgeräte und Anwendungsfelder

4.2 Implikationen für die Wirtschaftsprüfung

Durch den Einsatz mobiler Endgeräte ändern sich Arbeitsprozesse in Unternehmen. Die Aufgabe des Wirtschaftsprüfers ist es zu prüfen, ob mobile Endgeräte für die Verarbeitung von Daten über Geschäftsvorfälle oder betriebliche Aktivitäten genutzt werden. Fließen die aus der Nutzung mobiler Endgeräte erzeugten Daten direkt in die IT-gestützte Rechnungslegung ein oder dienen als Grundlage für Buchungen im Rechnungslegungssystem in elektronischer Form, dann sind diese Endgeräte auch Teil des IT-gestützten Rechnungslegungssystems und damit vollumfänglich prüfungspflichtig entsprechend IDW PS 330 und IDW RS FAIT 1.

Neben den Auswirkungen mobiler Endgeräte als Prüfobjekte für die Wirtschaftsprüfung stellt sich die Frage, inwieweit mobile Endgeräte durch die Wirtschaftsprüfung genutzt werden können. Der Einsatz mobiler Endgeräte erscheint vordergründig ausschließlich für haptische Berufe geeignet; eine Übertragung auf wissensbasierte Dienstleistungen, wie Unternehmensberatung oder Wirtschaftsprüfung hat bislang nicht stattgefunden. Nachfolgend werden potenzielle Anwendungsgebiete aufgezeigt.

Ein mögliches Anwendungsgebiet ist die Aus- und Weiterbildung. Derzeit werden in der Wirtschaftsprüfung vor allem sog. Off-the-Job-Trainings angeboten, in denen die Inhalte über einen Klassenunterricht vermittelt werden. Bei großen WPG werden zudem verschiedene Formen von webbasierten Trainings durchgeführt, bei denen Inhalte an Desktop-Rechnern vermittelt und im Anschluss durch Tests abgefragt werden. Mobile Endgeräte ermöglichen die Unterstützung von sog. On-the-Job-Trainings, bei denen die Ausbildung in realen, betrieblichen Arbeitssituationen durchgeführt wird.

Ein weiteres, visionäres Anwendungsgebiet ist die Entwicklung virtueller Räume, in denen Datenströme und Kontrollen dargestellt und durch den Prüfer über eine VR-Brille sichtbar und damit prüfbar sind. Aus der rein wissensbasierten Dienstleistung Wirtschaftsprüfung könnte so um eine haptische Komponente erweitert werden, was die Tätigkeit „spannender" macht und die Attraktivität des Berufs steigern könnte.

5. Cloud Computing

5.1 Die internetbasierte Bereitstellung von IT-Infrastruktur als Dienstleistung

Cloud Computing ist eine spezielle Form der IT-Auslagerung, bei der Dienstleistungen bzw. technische Dienste (Web Services) auf Abruf über das Internet bezogen werden können. Cloud Computing ist durch eine Reihe von Eigenschaften gekennzeichnet:

1. Bedarfsorientierte und automatisierte Bereitstellung durch den Anbieter,
2. zeit-, orts- und endgerätunabhängige Bereitstellung der Dienstleistung,
3. benötigte IT-Ressourcen werden entsprechend des Bedarfs dynamisch und virtualisiert zur Verfügung gestellt und
4. die Bereitstellung der Dienstleistungen erfolgt in messbaren Einheiten (IDW RS FAIT 5 2015).

Zusammengefasst kann Cloud Computing als eine „Ansammlung von Diensten, Anwendungen und Ressourcen" (Repschläger et al. 2010) betrachtet werden, die flexibel und skalierbar über das Internet bezogen werden können. Dabei wird das auslagernde Unternehmen von der Notwendigkeit befreit, eigene, kapitalintensive Investitionen in die IT-Infrastruktur vorzunehmen oder technisches Fachwissen innerhalb des Unternehmens aufzubauen (ebenda).

Die über das Cloud Computing beziehbaren Services werden häufig, aber nicht abschließend, in drei Modelle unterschieden: Bei *Software-as-a-Service* (SaaS) wird eine einzelne IT-Anwendung bezogen. Dabei handelt es sich in der Regel um standardisierte Softwarelösungen, die traditionell auf den Servern des beziehenden Unternehmens installiert und betrieben werden müssten. Den Nutzern wird der Zugriff auf die Anwendung über eine Internetschnittstelle ermöglicht, wodurch das Unternehmen der Nutzer von der Installation, Wartung und Betrieb der Anwendung befreit ist. Der Nachteil an diesem Modell ist, dass sich die bezogenen Anwendungen häufig nicht auf die individuellen Bedürfnisse der Endnutzer einstellen lassen. Beispiele für SaaS sind cloudbasierte ERP- und Buchhaltungssysteme.

Bei *Platform-as-a-Service* (PaaS) können ganze Entwicklungsumgebungen bezogen werden. Dazu hat der Nutzer hier die Möglichkeit, auf einer Reihe vorkonfigurierter Dienste zuzugreifen. Im Rahmen dieser Dienste sind dann beispielsweise die Programmierung von Anwendungen und mobilen Apps, aber auch die die Erstellung von Datenmodellen möglich. Vollständige PaaS-Angebote decken die kompletten Softwareentwicklungsprozesse inklusive Test und Betrieb der Anwendung ab.

Mit *Infrastructure-as-a-Service* (IaaS) werden vollständige Systeme und Komponenten von IT-Infrastrukturen ausgelagert und bezogen. Mögliche Auslagerungsbestandteile sind z. B. Drucker, Speicherkapazitäten oder Prozessorleistungen. Durch die oben beschriebene Eigenschaft des Cloud Computing, Ressourcen bedarfsgerecht zur Verfügung zu stellen, können über IaaS die IT-Infrastrukturen oder einzelne Bestandteile frei skalierbar bezogen werden. Während die einzelne Dienstleistung dabei standardisiert bleibt, kann die Quantität beliebig variieren (Leimeister 2015). Darüber wird in verschiedenen Publikationen das Servicemodell *Business Process-as-a-Service* (BPaaS) abgegrenzt. Dabei handelt es sich um die cloudbasierte Auslagerung von Anwendungen, die einen vollständigen Geschäftsprozess abbilden (BITKOM 2013). Da es sich hierbei jedoch strenggenommen um eine Aggregation von einzelnen SaaS-Auslagerungen handelt und aktuell Geschäftsprozesse mehrheitlich in den Unternehmen verbleiben, hat sich die Abgrenzung von BPaaS als eigenständiges Servicemodell im Schrifttum nicht etabliert (Labes & Zarnekow 2014).

Neben den zuvor beschriebenen Servicemodellen können drei Formen der cloudbasierten Auslagerung unterschieden werden. Das *Public-Cloud-Computing* ermöglicht die Auslagerung von IT-Dienstleistungen an einen unabhängigen Anbieter und den Bezug der Leistung über das „öffentliche" Internet. Bei *Private-Cloud-Computing* erfolgt die Auslagerung organisationsintern oder an einen Anbieter, für den sich aufgrund der Auslagerung ein direktes Abhängigkeitsverhältnis zur auslagernden Organisation ergibt. Der Bezug der Leistungen erfolgt über das nichtöffentliche, interne Netzwerk der Organisation (KPMG/Bitkom 2017). Unter der Sammelbezeichnung „Hybride Clouds" werden verschiedene Mischformen von Public und private Clouds zusammengefasst (BITKOM 2013).

5.2 Implikationen für die Wirtschaftsprüfung

5.2.1 Cloud-Systeme als Nutzungsobjekt

Mit der Verwendung von Cloud Computing in Unternehmen ergeben sich Implikationen im Hinblick auf Cloud-Systeme als Nutzungsobjekt im Bereich der Wirtschaftsprüfung. Die Flexibilisierung von IT-Leistungsangeboten in „Echtzeit" ermöglicht es, Geschäftsmodelle und IT-Systeme einfacher auf Bedarfe anzupassen. Je nach Prüfungsmandat wäre somit eine flexible Anpassung der benötigten IT-Leistung nutzbar.

Das Cloud Computing fördert die Entwicklung von IT-Systemen für die Extraktion und Auswertung von Rechnungslegungsdaten, welche zukünftig bedarfsorientiert und automatisiert bereitgestellt werden. Dies kann die zeitliche Verfügbarkeit von Prüfungsergebnissen und somit auch die Prozesse, die zu diesen Ergebnissen führen, verändern.

Weiterhin ermöglicht Cloud Computing den Aufbau und die Bereitstellung von Kompetenzen zur Entwicklung und Durchführung kontinuierlicher Prüfungen. Die Auslagerung und bedarfsgerechte Nutzung von betrieblichen Aktivitäten, Geschäftsprozessen und Ressourcen ermöglicht neue Geschäftsmodelle und IT-Systeme. Diese gilt es wiederum zu prüfen und so wird die Entwicklung neuer Prüfungsstandards (vgl. IDW RS FAIT 5 2015) aber auch neuer Prüfungsprozesse und IT-gestützter Prüfungstechniken notwendig.

5.2.2 Cloud-Systeme als Prüfobjekt

Weitere Herausforderungen für die Wirtschaftsprüfung ergeben sich bei der Betrachtung von Cloud-Systemen als Prüfobjekt. So bestehen Prüfungspflichten für ausgelagerte, rechnungslegungsrelevante Prozesse, die insb. bei der Wirtschaftsprüfung von Cloud-Systemen beachtet werden müssen. Diese umfassen die entstehenden Risiken sowie die Betrachtungen der Auswirkungen auf das interne Kontrollsystem (IDW RS FAIT 5 2015).

Zertifizierung von Cloud-Umgebungen, sog. Cloud Service Certifications (CSC), können dazu dienen, die Anstrengungen des Unternehmens hinsichtlich des Risikomanagements zu belegen. Risikoorientiertes Monitoring von Cloud-Systemen durch Application Monitoring oder auch automatisierte Cloud-Service-Testierung sind weitere Möglichkeiten, die Risiken im Bereich des Cloud Computing zu erschließen.

Vor dem Hintergrund der Prüfung von Cloud-Systemen, stellt deren Nutzung und Prüfung besondere Anforderungen an eine fehlerfreie Internetverbindung, die Gewährleistung der Informationssicherheit sowie den Datenschutz. Auch erhöhte Compliance-Anforderungen, das Prüfen von Abweichungen von Service-Level-Agreements sowie die mögliche Abhängigkeit vom Cloud-Anbieter sind nicht zu vernachlässigen.

Im Vergleich zur traditionellen Wirtschaftsprüfung mit jährlichen Prüfungshandlungen werden bei der Prüfung von Cloud-Systemen und der damit einhergehenden Sicherstellung der Ordnungsmäßigkeit von Cloud-Services IT-gestützte Prüfungstechniken zur kontinuierlichen, unterjährigen Überwachung von Cloud-Services notwendig.

6. Hybride Wertschöpfung

6.1 Digitalisierung von Dienstleistungen

Bei einer klassischen, nichthybriden Wertschöpfung werden Sach- und Dienstleistungen üblicherweise getrennt voneinander bereitgestellt. Zur Erklärung wird nachfolgend ein Beispiel aus dem Maschinen- und Anlagenbau betrachtet. Ein Industrieunternehmen stellt ein technisches Produkt, d. h. eine Maschine, her und liefert diese direkt an den Kunden. Die Wartung dieser Maschine wird unabhängig davon von einem Fachbetrieb übernommen, der allgeneine Informationen über den Aufbau und die Leistungen der Maschine direkt vom Hersteller bezieht. Auf Nachfrage des Kunden führt der Fachbetrieb einen technischen Kundendienst durch, der als eigener Service getrennt von der Herstellung, der Lieferung und der Instandsetzung der Maschine beim Kunden zu betrachten ist. Eine Leistungsbündelung, d. h. die Kombination aus Produkt und Dienstleistung, findet frühestens beim Kunden statt, wenn der Techniker den Service an der Maschine vornimmt. Dieser Zusammenhang ist in Abbildung 4 dargestellt.

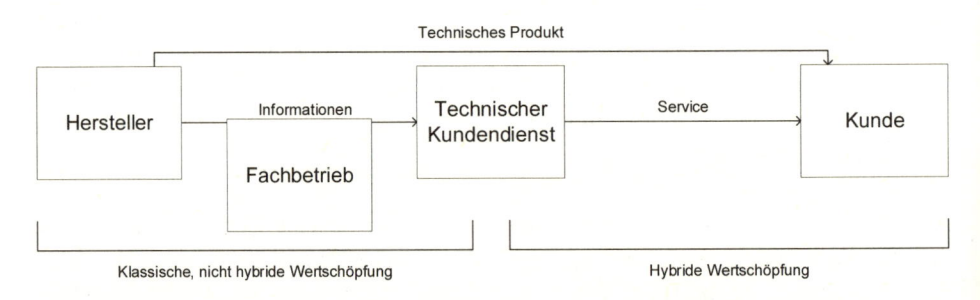

Abbildung 4: Klassische, mehrheitlich nicht-hybride Wertschöpfung (Thomas et al. 2010)

Werden Sach- und Dienstleistungen hingegen integriert betrachtet, so spricht man von hybrider Wertschöpfung. Hybride Leistungsbündel, Hybride Produkte oder Product-Service-Systeme (PSS) bezeichnen insofern die kombinierte Bereitstellung von Sach- und Dienstleistungen (Thomas et al. 2016). Kerngedanke ist dabei, dass die Integration von Sachleistung und Dienstleistung einen größeren kundenspezifischen Nutzen bietet, als die Leistungen für sich alleine betrachtet (Leimeister & Glauner 2008). Hybride Leistungsbündel können sowohl angebotsinduziert, als auch nachfrageinduziert entstehen. Die Gründe für die Bündelung können wirtschaftliche Vorteile, die Differenzierung von Wettbewerbern oder eine erhöhte Kundenzufriedenheit sein (Özcan et al. 2014).

Durch die zunehmende Digitalisierung der Gesellschaft und den damit zur Verfügung stehenden Technologien wird die Realisierung von PSS begünstigt. Durch den Einsatz von elektronischen Komponenten entlang der Wertschöpfungskette und deren Vernetzung untereinander entstehen komplexe Dateninfrastrukturen. Beispiele dazu wurden in Abschnitt 0 unter den Schlagworten „Cyberphysische Systeme" und „Internet of Things" erläutert. Daten, die bei der Wertschöpfung in den elektronischen Komponenten verarbeitet werden, können automatisiert gesammelt, aufbereitet und zum Zwecke der Dienstleistungsverbesserung, z. B. über Cloud-Computing-Systeme, zur Verfügung gestellt werden. Damit lassen sich intelligente Dienstleistungen, sog. Smart Services, entwickeln. Von besonderer Relevanz ist dabei die Kunden- und Nutzerzentrierung oder deren Einbeziehung bei der Wertschöpfung. Neben spezifischen Einzelfunktionen lassen sich durch Smart Services auch Systeme zur Entscheidungsunterstützung oder vollständig autonome Systeme entwickeln (Kagermann et al. 2014; Thomas et al. 2016).

Im Beispiel des Maschinen- und Anlagenbaus ist die Transformation klassischer Wertschöpfungsketten zu einem Smart Service maßgeblich durch zwei Faktoren beeinflusst: erstens durch die Integration neuer Technologien, wie z. B. mobile Endgeräte oder AR-/VR-Technologie, und zweitens durch die Spezialisierung von Informationsdienstleistern, die als Mediatoren zwischen Herstellern und Kunden und ggf. Fachbetrieben fungieren. Durch die Verbauung von Embedded Systems und CPS in Maschinen können permanent Daten über deren Funktionsfähigkeit erhoben werden. Die Aufgabe eines Informationsdienstleisters ist dann die Sammlung, Aufbereitung und Auswertung dieser Daten sowie deren Weitergabe an Kunden und Herstellern. Auf Basis dieser Daten können verbesserte Dienstleistungen (z. B: Wartung oder Reparatur) durchgeführt werden. Die damit verbundene Transformation der Wertschöpfungskette ist in Abbildung 5 dargestellt.

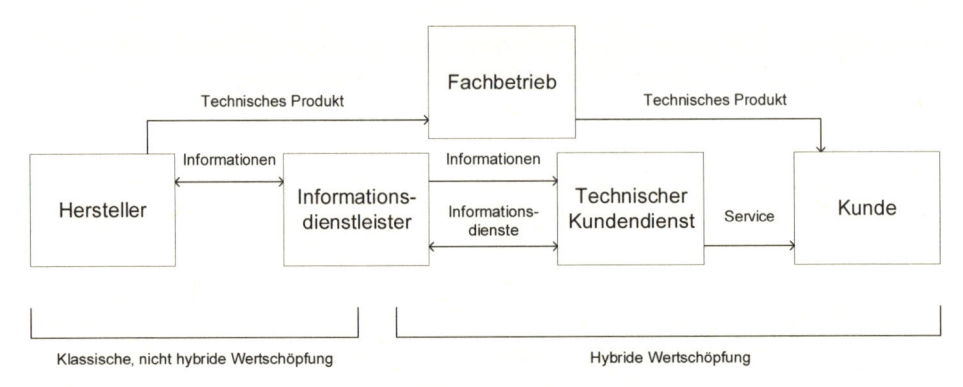

Abbildung 5: Transformation in hybride Wertschöpfung (Thomas et al. 2010)

6.2 Implikationen für die Wirtschaftsprüfung

Die im vorstehenden Kapitel genannten Veränderungen und Erweiterungen der klassischen Wertschöpfungskette erfordern die grundlegende dichotome Aufteilung des Marktes mit den bestehenden Informationsdienstleister-Prüfer-Mandanten-Verhältnissen zu hinterfragen.

Die Auslagerung von Geschäftsprozessen, die jederzeitige Verfügbarkeit von Services durch Cloud-Computing, die Veränderung von Wertschöpfungsketten durch Hybride Wertschöpfung und die Auseinandersetzung mit der Entwicklung digitaler Geschäftsmodelle sind gleichermaßen Herausforderung wie Chance für den Berufsstand der Wirtschaftsprüfer. Die nachfolgende Abbildung 6 stellt die klassische Wertschöpfung im Rahmen der Abschlussprüfung vereinfacht dar. Demnach bieten auf der einen Seite unterschiedliche Softwarehersteller dem Abschlussprüfer generelle Prüfsoftware oder Datenanalyse-Tools an, mit denen beim Mandanten Prüfungshandlungen durchgeführt werden.

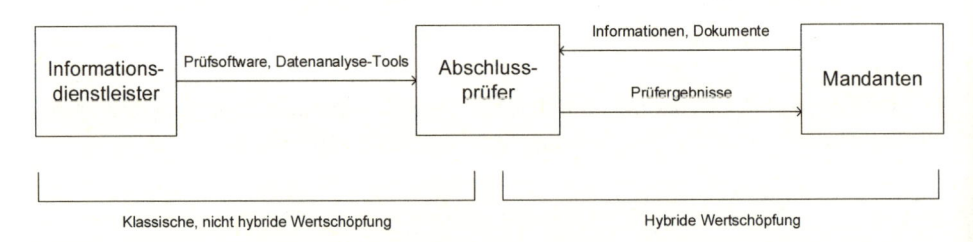

Abbildung 6: Status Quo des Wirtschaftsprüfungsprozesses

Die Umsetzung IT-gestützter Prüfungshandlungen erfordert jedoch zunehmend umfangreiches Fachwissen über die eingesetzten Rechnungslegungssysteme des Mandanten, die Extraktion der prüfungsrelevanten Daten und deren Verarbeitung. In diesem Zusammenhang können rechnergestützte Prüfungshandlungen, die Bereitstellung bzw. der sichere Austausch von Daten des Mandanten als auslagerungsfähige Dienstleistungen betrachtet werden (vgl. Abbildung 7).

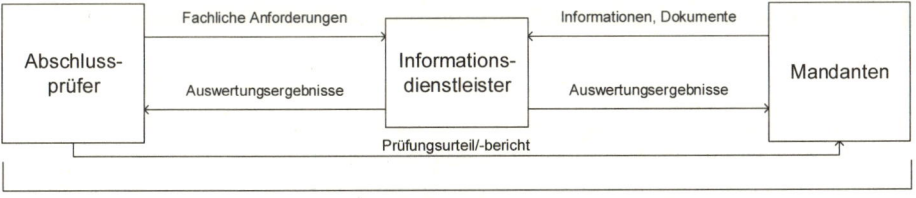

```
                Fachliche Anforderungen            Informationen, Dokumente
┌──────────┐ ───────────────────────► ┌─────────────┐ ───────────────────────► ┌──────────┐
│ Abschluss-│                          │Informations-│                          │          │
│ prüfer    │                          │dienstleister│                          │ Mandanten│
│          │ ◄─────────────────────── │             │ ◄─────────────────────── │          │
└──────────┘   Auswertungsergebnisse   └─────────────┘   Auswertungsergebnisse   └──────────┘
     │                              Prüfungsurteil/-bericht                         ▲
     └───────────────────────────────────────────────────────────────────────────────┘

                                    Hybride Wertschöpfung
```

Abbildung 7: Die digitale Abschlussprüfung

Zunächst stellt der Mandant dem Dienstleister Informationen in Form von Daten zur Verfügung. Infolgedessen strukturiert der Dienstleister diese Daten für nachgefragte Auswertungen. Der Abschlussprüfer definiert die Prüfungslogik für die Datenanalyse und lässt diese vom Informationsdienstleister durchführen. Gleichzeitig besteht auch mandantenseitig die Möglichkeit, Datenanalysen z. B. für das Controlling oder die interne Revision in Auftrag zu geben. Auch die Auslagerung der Betriebsdokumentation oder der Dokumentation des internen Kontrollsystems (IKS) des Mandanten ist denkbar. Der Dienstleister könnte diese Informationen/Dokumente mit rechnergestützten Prüfungstechniken auswerten und deren Ordnungsmäßigkeit sicherstellen (Kiesow et al. 2015).

7. Fazit und Ausblick

Digitalisierung zeigt sich in vielfältigen technologischen Trends. Durch die Zukunftsinitiative Industrie 4.0 mit ihren grundlegenden Prinzipien und Visionen, wie die Vernetzung durch das Internet der Daten, Dienste und Services, ändern sich Geschäftsprozesse von Unternehmen und damit auch die Art und Weise, wie prüfungsrelevante Informationen für den Abschlussprüfer entstehen. Der Stand der Technik ermöglicht erstmals die Entwicklung von Hard- und Software, welche den Einsatz von Werkzeugen der Künstlichen Intelligenz zum Zweck der Buchhaltung und Abschlussprüfung realisieren könnte. Mobile Endgeräte ändern die Rechnungslegungsprozesse der Mandanten und müssen daher als Prüfobjekte für die Wirtschaftsprüfung herangezogen werden. Hierzu werden Kompetenzen verlangt, die durch Aus- und Weiterbildung auch durch den Einsatz mobiler Endgeräte vermittelt werden können. Zukünftig ist auch die vollständige virtuelle Abbildung von Rechnungslegungsprozessen denkbar. Die vorstehend genannten Trends verstärken die Abhängigkeit des Rechnungswesens von der eingesetzten IT und damit die Komplexität der Prüfungshandlungen.

Nichtsdestotrotz ergeben sich auch Chancen für den Berufsstand. Insbesondere wird durch die digitale Verfügbarkeit und des vereinfachten Austauschs prüfungsrelevanter Daten die Umsetzung einer unterjährigen, kontinuierlichen Prüfung möglich. Damit können die Belastungsspitzen in der Jahresabschlussprüfung abgefedert und eine höhere Prüfungsqualität erreicht werden. Das Aufeinandertreffen von Prozess- und Technologieinnovation ändert allerdings auch die klassische Wertschöpfungskette der Abschlussprüfung. Es werden Konzepte benötigt, die eine zeitnahe und valide Aussage über die Ordnungsmäßigkeit der Rechnungslegungsdaten gestatten. Analog zum Industrie 4.0-Prinzip der Serviceorientierung sieht das in diesem Beitrag vorgestellte Konzept die Auslagerung von Prüfungsdienstleistungen an einen spezialisierten Dienstleister im Sinne eines „Audit-as-a-Service" vor (Kiesow & Thomas 2016). Dieser implementiert die technischen Komponenten für Datenabzug und -auswertung und versorgt Prüfer und Mandanten mit den Ergebnissen der kontinuierlichen Prüfung.

Zusammengefasst besteht kaum ein Zweifel, dass sich das Aufgabenspektrum des Wirtschaftsprüfers verändern wird. Dabei werden neue Kompetenzen und erweitertes Fachwissen über die Auswirkungen und Einsatzmöglichkeiten digitaler Trends relevant. Die in diesem Beitrag diskutierten technologischen Trends stellen keine abschließende Betrachtung der Auswirkungen und Facetten aktueller Entwicklungen dar. Vielmehr soll dieser Beitrag ein Bewusstsein zur Änderungsbereitschaft schaffen und Anreize zur zielgerichteten Weiterentwicklung des Berufsstandes liefern. Indes werden gerade nicht-strukturierte und ermessensbehaftete Prüfungshandlungen auf Dauer nicht durch Technik abgelöst werden können. Gerade wegen der Digitalisierung, die alle Akteure der Wertschöpfungskette betrifft, wird der Wirtschaftsprüfer als Partner seiner Mandanten auch in Zukunft eine wesentliche Rolle spielen.

8. Literaturverzeichnis

Abo-Alian, A., Badr, N.L., & Tolba, M.F., 2015. Auditing-as-a-Service for Cloud Storage. *In*: *Intelligent Systems' 2014*. Springer, Cham, S. 559–568.

Acatech, 2011. Cyber-Physical Systems: Innovationsmotor für Mobilität, Gesundheit, Energie und Produktion, S. 1–42.

Adler, M., Durfee, E., Huhns, M., Punch, W., & Simoudis, E., 1992. AAAI workshop on cooperation among heterogeneous intelligent agents. *AI magazine*, 13 (2), S. 39.

Agnew, H., 2016. Auditing: Pitch battle. *Financial Times*, 9 Mai.

Bell, R.M., Koren, Y., & Volinsky, C., 2010. All together now: A perspective on the netflix prize. *Chance*, 23 (1), S. 24–29.

Bierstaker, J., Janvrin, D., & Lowe, D.J., 2014. What Factors influence Auditors' use of computer-assisted audit techniques? *Advances in Accounting*, 30 (1), S. 67–74.

BITKOM, 2013. *Wie Cloud Computing neue Geschäftsmodelle ermöglicht*. Berlin.

Cangemi, M.P., 2015. Staying a Step Ahead–Internal Audit's Use of Technology.

Cangemi, M.P., 2016. Views on Internal Audit, Internal Controls, and Internal Audit's Use of Technology. *EDPACS*, 53 (1), S. 1–9.

Curtis, M.B. & Payne, E.A., 2008. An examination of contextual factors and individual characteristics affecting technology implementation decisions in auditing. *International Journal of Accounting Information Systems*, 9 (2), S. 104–121.

Dai, J. & Vasarhelyi, M.A., 2016. Imagineering Audit 4.0. *Journal of Emerging Technologies in Accounting*, 13 (1), S. 1–15.

Drath, R. & Horch, A., 2014. Industrie 4.0: Hit or hype?[industry forum]. *IEEE industrial electronics magazine*, 8 (2), S. 56–58.

Erxleben, K., Baetge, J., Feidicker, M., Koch, H., Krause, C., & Mertens, P., 1992. Klassifikation von Unternehmen: Ein Vergleich von Neuronalen Netzen und Diskriminanzanalyse. *Zeitschrift für Betriebswirtschaft*, 62 (11), S. 1237–1262.

Görz, G., Schmid, U., & Wachsmuth, I., 2013. Kapitel 1: Einleitung. *In*: G. Görz, J. Schneeberger, & U. Schmid, Hrsg. *Handbuch der Künstlichen Intelligenz*. Oldenbourg, S. 1–18.

Grünig, R. & Kühn, R., 2017. *Prozess zur Lösung komplexer Entscheidungsprobleme: Ein heuristischer Ansatz*. Springer-Verlag.

Guzella, T.S. & Caminhas, W.M., 2009. A Review of Machine learning approaches to Spam filtering. *Expert Systems with Applications*, 36 (7), S. 10206–10222.

Hermann, M., Pentek, T., & Otto, B., 2016. Design Principles for Industrie 4.0 Scenarios. *In*: *49th Hawaii International Conference on System Sciences (HICSS)*. IEEE, S. 3928–3937.

IDW RS FAIT 5, 2015. *IDW Stellungnahme zur Rechnungslegung: Grundsätze ordnungsmäßiger Buchführung bei Auslagerung von rechnungslegungsrelevanten Prozessen und Funktionen ein-schließlich Cloud Computing*. IDW Verlag GmbH.

IfM Bonn, 2017. Weniger als die Hälfte der größten Familienunternehmen sieht sich bei Digitalisierung gut aufgestellt [online]. Available from: https://bdi.eu/artikel/news/weniger-als-die-haelfte-der-groessten-familienunternehmen-sieht-sich-bei-digitalisierung-gut-aufgestellt/.

Kagermann, H., Riemensperger, F., Hoke, D., Helbig, J., Stocksmeier, D., Wahlster, W., Scheer, A.W., & Schweer, D., 2014. Smart Service Welt. *Umsetzungsempfehlungen für das Zukunftsprojekt Internetbasierte Dienste für die Wirtschaft*. acatech-Deutsche Akademie der Technikwissenschaften-Arbeitskreis Smart Service Welt, Berlin.

Keenoy, C.L., 1958. THE IMPACT OF AUTOMATION ON THE FIELD OF ACCOUNTING. *Accounting Review*, 33 (2), S. 230–237.

Kiesow, A., Fellmann, M., Zarvic, N., & Thomas, O., 2015. Managing Internal Control: Designing a Wiki-based Information System for Continuous Process Assurance. *In: Proceedings of the International Conference on Information Systems (ICIS 2015)*. 1–6. December 2015, Fort Worth, TX: Association for Information Systems (AIS).

Kiesow, A. & Thomas, O., 2016. Digitale Transformation der Abschlussprüfung. *Die Wirtschaftsprüfung (WPg)*, 69 (13), S. 709–716.

Kiesow, A. & Thomas, O., 2017. Entwurf eines cloud-basierten Geschäftsmodells für die kontinuierliche Prüfung. *In*: J.M. Leimeister & W. Brenner, Hrsg. *Tagungsband der 13. Internationalen Tagung Wirtschaftsinformatik (WI)*. St. Gallen, Schweiz, S. 882–896.

Kim, H.-J., Mannino, M., & Nieschwietz, R.J., 2009. Information technology acceptance in the internal audit profession: Impact of technology features and complexity. *International Journal of Accounting Information Systems*, 10 (4), S. 214–228.

Kokina, J. & Davenport, T.H., 2017. The Emergence of Artificial Intelligence: How Automation is Changing Auditing. *Journal of Emerging Technologies in Accounting*.

KPMG/Bitkom, 2017. *Cloud Monitor 2017 Eine Studie von Bitkom Research im Auftrag von KPMG Pressekonferenz*.

Küting, K. & Weber, C.-P., 2012. *Die Bilanzanalyse: Beurteilung von Abschlüssen nach HGB und IFRS*. Schäffer-Poeschel Verlag für Wirtschaft Steuern Recht GmbH.

Labes, S. & Zarnekow, R., 2014. Geschäftsmodelle im Cloud Computing. *In*: H. Österle, R. Winter, & W. Brenner, Hrsg. *Wirtschaftsinformatik in Wissenschaft und Praxis*. Springer Berlin Heidelberg, S. 179–190.

Leimeister, J.M., 2015. *Einführung in die Wirtschaftsinformatik*. 12. Auflag. Springer-Verlag Berlin Heidelberg.

Leimeister, J.M. & Glauner, C., 2008. Hybride Produkte–Einordnung und Herausforderungen für die Wirtschaftsinformatik. *Wirtschaftsinformatik*, 50 (3), S. 248–251.

Matijacic, M., Fellmann, M., Özcan, D., Kammler, F., Nüttgens, M., & Thomas, O., 2013. Elicitation and Consolidation of Requirements for Mobile Technical Customer Services Support Systems-A Multi-Method Approach. *In: International Conference on Information Systems (ICIS), 15.-18. Dezember 2013*. Mailand.

Metzger, D., Niemöller, C., & Thomas, O., 2016. Design and demonstration of an engineering method for service support systems. *Information Systems and e-Business Management*, S. 1–35.

Metzger, D., Niemöller, C., Wingert, B., Schultze, T., Bues, M., & Thomas, O., 2017. How Machines are Serviced-Design of a Virtual Reality-based Training System for Technical Customer Services. *In: Tagungsband der 13.*

Internationalen Tagung Wirtschaftsinformatik (WI). St. Gallen, Schweiz: Leimeister, Jan Marco; Brenner, Walter, S. 604–618.

Niemöller, C., Zobel, B., Berkemeier, L., Metzger, D., Werning, S., Adelmeyer, T., Ickerott, I., & Thomas, O., 2017. Sind Smart Glasses die Zukunft der Digitalisierung von Arbeitsprozessen? Explorative Fallstudien zukünftiger Einsatzszenarien in der Logistik.

Özcan, D., Kammler, F., & Thomas, O., 2014. Integrationsansatz zum konzeptionellen Design von Product-Service Systems. *In*: O. Thomas & M. Nüttgens, Hrsg. *Dienstleistungsmodellierung 2014*. Wiesbaden: Springer Gabler, S. 54–75.

Phua, C., Lee, V., Smith-Miles, K., & Gayler, R., 2010. A comprehensive survey of data mining-based fraud detection research. *arXiv preprint arXiv:1009.6119*.

Rapoport, M., 2016. Auditors count on tech for backup. *Wall Street Journal*, 8 März.

Rega, I. & Teipel, G., 2016. Digitalisierung in der Wirtschaft und im Berufsstand. *Die Wirtschaftsprüfung*, 69 (1), S. 39–45.

Repschläger, J., Pannicke, D., & Zarnekow, R., 2010. Cloud Computing: Definitionen, Geschäftsmodelle und Entwicklungspotenziale. *HMD Praxis der Wirtschaftsinformatik*, 47 (5), S. 6–15.

Thomas, O., Nüttgens, M., & Fellmann, M., 2016. *Smart Service Engineering: Konzepte und Anwendungsszenarien für die digitale Transformation*. Springer-Verlag.

Thomas, O., Walter, P., & Loos, P., 2010. Konstruktion und Anwendung einer Entwicklungsmethodik für Product-Service Systems. *In*: O. Thomas, P. Walter, & P. Loos, Hrsg. *Hybride Wertschöpfung*. Berlin: Springer, S. 61–81.

Wrobel, S., Morik, K., & Joachims, T., 2013. Maschinelles Lernen und Data Mining. *In*: G. Görz, J. Schneeberger, & U. Schmid, Hrsg. *Handbuch der Künstlichen Intelligenz*. Oldenbourg Wissenschaftsverlag, S. 405–470.

Zobel, B., Berkemeier, L., Werning, S., & Thomas, O., 2016. Augmented Reality am Arbeitsplatz der Zukunft: Ein Usability-Framework für Smart Glasses. *In*: H. Mayr & M. Pinzger, Hrsg. *Informatik*. Klagenfurt, S. 1727–1740.

Regulatorisch getriebene Datenanalyse im Finanzwesen
(Zahlungsverkehr der Commerzbank)

Dr. Jürgen Himmelmann
Commerzbank AG Frankfurt

Inhaltsübersicht

1.	Die Commerzbank in Kurzfassung	89
2.	Komplexität und Big Data – was bedeutet das eigentlich?	89
3.	Verschiedene Facetten der Komplexität	90
4.	Was ist eigentlich ein „US-Monitor"?	92
5.	Warum die Commerzbank als Gegenstand des „US-Monitors"?	93
6.	Welche Methoden stehen im Kern der Betrachtung?	93
7.	Welche Schwierigkeiten treten bei der Datenaufbereitung auf?	95
8.	Technologische Entwicklungen im Zahlungsverkehr der Finanzbranche	96
8.1	PayDirect	96
8.2	Social Media Nutzung (facebook, Whatsapp und Co)	96
8.3	PSD2	97
8.4	Hadoop Hype	97
8.5	Echtzeitzahlungen (Instant Payments)	98
8.6	Blockchain (oder besser Distributed Ledger Technologie)	99
Literatur		99

1. Die Commerzbank in Kurzfassung

Die Commerzbank ist eine international agierende Geschäftsbank mit einem kundenfokussierten Portfolio an Finanzdienstleistungen in zwei Segmenten (Privat- und Unternehmerkunden, Firmenkunden).

Mit 5 Tochtergesellschaften, 23 Auslandsfilialen, 34 internationalen Repräsentanzen und rund 1.000 Filialen in Deutschland ist die Commerzbank weltweit präsent und hat am 31.12.2016 49.941 Mitarbeiter.

Sie beschäftigt 10.000 Berater, hat rund 12 Millionen Kunden und ist in relevanten Bereichen und Produkten eine der führenden Banken in Deutschland.

Mit Ihrer strategischen Positionierung „Commerzbank 4.0" verfolgt die Commerzbank das Ziel höherer Profitabilität und Wettbewerbsfähigkeit. Konkret heißt dies, dass bis 2020 80 % der relevanten Prozesse in der Commerzbank digital sind.[1]

2. Komplexität und Big Data – was bedeutet das eigentlich?

Der Begriff der Komplexität kann systemtheoretisch angegangen werden. Nach Ansicht des Autors sind diese Definitionen selbst wiederum komplex. Als Beispiel sei folgender Definitionsansatz aufgeführt (Quelle Wikipedia):

„Die Komplexitätstheorie als Teilgebiet der Theoretischen Informatik befasst sich mit der Komplexität algorithmisch behandelbarer Probleme auf verschiedenen formalen Rechnermodellen. Die Komplexität von Algorithmen wird in deren Ressourcenverbrauch gemessen, meist Rechenzeit oder Speicherplatzbedarf, manchmal auch speziellere Maße wie die Größe eines Schaltkreises oder die Anzahl benötigter Prozessoren bei parallelen Algorithmen. Die Komplexität eines Problems ist wiederum die Komplexität desjenigen Algorithmus, der das Problem mit dem geringstmöglichen Ressourcenverbrauch löst."

Bei der Betrachtung dieser Definition kann man – auch wenn man kein Systemtheoretiker ist – erahnen, auf wieviel unterschiedlichen Ebenen über Komplexität diskutiert werden kann und wie wundervoll man aneinander vorbeireden kann (insbesondere aber nicht ausschließlich die IT-Abteilung und die sogenannten Fachabteilungen).

---

[1] Die hier dargestellten Einzelheiten sind der „Basispräsentation der Commerzbank" entnommen, die dem DFDDA in Auszugform vorliegt.

Bemerkenswert ist an dieser Stelle auch die (bekannte) Aussage, dass es Probleme gibt, die mit allen Ressourcen und bekannten Ansätzen aus heutiger Sicht nicht zu lösen sind. Zu hoffen bleibt, dass in diesem Sinne in den Banken eingesetzte Verschlüsselungsalgorithmen auch in Zukunft als sicher gelten können.

So, wir haben einen Eindruck von Komplexität; was verstehen wir aber unter Big Data?

Die Antwort aus der (Banken-) Praxis und das Lesen von Veröffentlichungen zu diesem Thema ist äußerst ernüchternd. Der Begriff Big Data bezeichnet in Öffentlichkeit und Fachwelt einerseits die großen digitalen Datenmengen selbst, andererseits aber auch deren Analyse und Auswertung. Es gibt keine etablierte wissenschaftliche Definition für den Begriff, er ist unscharf und wird als Schlagwort verwendet. Welche Datenmenge als groß eingeschätzt wird, differiert je nach Sektor, vorhandener Software und Anwendungszweck von „einigen Dutzend Terabytes bis zu mehreren Petabytes[2]".

Viele der in der Praxis betrachteten Probleme würde man als Small Data Problem bezeichnen. Dies verstehen wir als ein Problem, dass sich zwar mit vielen Daten befasst, aber mit herkömmlichen Methoden zu lösen ist.

Ungeachtet aller Theorie hat der Anwender jedoch ein als „komplex" empfundenes Problem im Zusammenhang mit gefühlt großen Datenbeständen, dass er lösen muss.

Bei der Lösungssuche ist es immer sinnvoll und empfehlenswert auf Angemessenheit und Wirtschaftlichkeit dieser Lösung achten, denn die vielen Berater, die derzeit auf dem Markt unterwegs sind, verkaufen gerne auch Lösungen, die deutlich überdimensioniert sind (aber selbstverständlich schick aussehen).

3. Verschiedene Facetten der Komplexität

Im Sinne des vorher Gesagten werden nun Beispiele für komplexe Sachverhalte aus Sicht des Autors mit Blick auf die Commerzbank bzw. die Finanzbranche beschrieben. Vielleicht etwas überraschend wird hier nicht nur von Daten gesprochen:

– Alle Mitarbeiter des Commerzbank-Konzerns führen jedes Jahr verpflichtend fünf **Online Schulungen in Bezug auf das Thema Compliance** (u. a. Geldwäsche) mit abschließendem Test durch, für die mindestens 30 Minuten anzuset-

---

[2] 1 Petabyte entspricht 1000 Terrabyte bzw. 10^{15} Byte (in Dezimaldarstellung).

zen sind. Eine einfache Rechnung zeigt, dass dies **für den Konzern eine Investition von rund 16 Mannjahren** bedeutet (8h – Tag, 200 Tage pro Jahr) und das ohne Berücksichtigung von externen Beratern.
- Unter der Headline „Data Center hängen Airport ab" wurde in der Frankfurter Allgemeine vom 14.12.2016 veröffentlicht, dass Frankfurts Rechenzentren inzwischen **mehr Strom als der Flughafen** verbrauchen (19,42 % des gesamten Stromverbrauchs mit wachsender Tendenz). Hierbei ist ein Viertel der 1,9 Millionen Quadratmeter bundesweiter Rechenzentrumsfläche am Main angesiedelt.[3]
- Reuters gab in seinem Artikel vom 6.3.2017 bekannt, dass Banken – entsprechend einer Studie der Boston Consulting Group – weltweit seit der Finanzkrise in 200–008 **regulatorische Strafzahlungen in Höhe von 321 Milliarden US-Dollar** geleistet haben. 63 % dieser Strafen entfallen dabei auf US-amerikanische Banken. Weiterhin ist dies wohl nicht das Ende der Fahnenstange; die weltweite Anzahl von Anpassungen in **Regulierungen** hat sich seit 2011 verdreifacht zu der unglaublichen Anzahl von **200 Anpassungen pro Tag**.[4]
- Der Deutsche Zahlungsverkehr ist Massengeschäft. Nichtzahlungsdienstleister (im wesentlichen Kunden der Kreditinstitute) aus Deutschland haben im Jahr 2015 insgesamt **6 Mrd. Überweisungen (Wert = 52.372 Mrd. EUR) und 10 Mrd. Lastschriften (Wert =3.858 Mrd. EUR) Lastschriften** durchgeführt. Zum Vergleich beträgt das Bruttoinlandsprodukt von Deutschland im Jahr 2015 3.033 Mrd. EUR.

Die in diesem Zusammenhang von etwa 2000 Unternehmen der Finanzbranche zu meldende ZV-Statistik für die Bundesbank umfasst mehr als 1000 Meldepositionen. Dies ist allerdings nur eine von vielen Meldeverpflichtungen gegenüber den vielen Regulatoren weltweit (vgl. hierzu z. B. die entsprechenden Publikationen der Bundesbank oder vom Basel Committee on Banking Supervision).[5]

Unter der Annahme, dass 1 Überweisung / Lastschrift auf einem DIN-A4-Blatt beschrieben werden kann (angenommene 4800 Byte / 60 Zeilen a 80 Zeichen) entspricht dies 70 Terabyte pro Jahr. Schon wenn man berücksichtigt, dass diese Informationen durch Clearing Häuser wandern und mindestens einen Empfänger erreichen, ergeben sich 280 Terabyte pro Jahr. Man kann leicht erahnen, dass sich diese Datenmenge schnell im Rahmen bestehender IT-Abläufe potenziert und vermutlich darf man davon ausgehen, dass Banken bei Ihrem Speicherbedarf die Exabyte Grenze überschritten haben.

---

[3] http://www.faz.net/aktuell/rhein-main/wirtschaft/stromverbrauch-data-center-haengen-airport-ab-14573388.html.
[4] http://www.reuters.com/article/banks-fines-idUSL2N1GF20L.
[5] (BaFin - Bundesanstalt für Finanzdienstleistungsaufsicht, 2017).

- Die Finanzbranche steht gewissermaßen im Zentrum der Globalisierung und begegnet dieser Herausforderung mit Zusammenschlüssen. Das größte Integrationsprojekt der deutschen Bankgeschichte (die Integration der Dresdner Bank) strotzt in diesem Zusammenhang nur so von Superlativen:
  - Aktivitäten in 45 Ländern (4.500 MA im Integrationsprojekt)
  - 600 IT Systeme angepasst (1.000 Systeme abgeschaltet) und Migration des aktiven Datenbestandes
  - Neubesetzung von 3.800 Führungspositionen.

4. Was ist eigentlich ein „US-Monitor"?

Dem einen oder anderen mag es klar sein, dass Banken außerhalb regelmäßiger Berichtspflichten ständig Auskünfte an befugte Behörden (z. B. BaFin[6] oder Bundesstaatsanwaltschaft) geben müssen. In Deutschland spricht man hier von behördlichen Auskunftsersuchen, aus den USA kennen wir hier die sog. subpoenas (einfach ausgedrückt handelt es sich entweder um eine Vorladung oder um die Anforderung von Dokumenten in einem US-amerikanischen Beweisaufnahmverfahren).

Die zu produzierenden Informationen können äußerst umfangreich sein. Um sich den möglichen Umfang klar zu machen, denken wir an die hypothetische Frage, ob es zu Kundennamen, die in den „Panama Papers"[7] aufgeführt sind, hinreichend wahrscheinliche Übereinstimmungen in den Transaktionen einer Bank gibt. Wollen wir diese hypothetische Frage beantworten, so sprechen wir von mehreren hunderttausend Namen von Firmen oder Privatpersonen, für die in den Transaktionsbeständen zu suchen wäre.

Solche Ad-hoc-Anfragen sind jedoch allenfalls ein „Request" in einem US-Monitorship. Am ehesten greift ein Vergleich mit dem im Kreditwesengesetz verankerten, aufsichtsrechtlichen Sonderprüfrecht gem. § 44 KWG[8] (Auskünfte und Prüfungen von Instituten [..]).

Einfach gesagt ist ein US-Monitorship eine Sonderprüfung, in der sich die USA (konkret: das Department of Financial Services „DFS" im Auftrag der Regierung) nach Einigung über eine Strafe vom ordnungsgemäßen Zustand des internen Kontrollsystems im Hinblick auf die Abwicklung von Geschäften mit US-Bezug überzeugt. Der Prüfungsfokus kann hier mehrere Jahre als Zeitraum und den gesamten Konzern (oder Teile) als Gegenstand haben.

---

[6] Bundesanstalt für Finanzdienstleistungsaufsicht (www.bafin.de).
[7] http://panamapapers.sueddeutsche.de/.
[8] Gesetz über das Kreditwesen (http://www.gesetze-im-internet.de/kredwg/index.html).

Die entsprechenden Prüfmodalitäten werden vergleichbar mit einer Revisionscharta in einem Vertrag festgelegt. Dies beinhaltet z. B. eine quartalsweise Follow-Up Regelung als umfassende Berichtsregel sowie das Überprüfen der Umsetzung von Empfehlungen bzw. Auflagen.

5. Warum die Commerzbank als Gegenstand des „US-Monitors"?

In Bezug auf die Commerzbank ist der Vertrag (inkl. der Anklagen) im Internet veröffentlicht[9].

Dieser Anklage ist zu entnehmen, dass in der Commerzbank (bzw. der ehemaligen Dresdner Bank) Geschäfte mit zu dieser Zeit US-sanktionierten, iranischen Handelspartnern durchgeführt worden sind und darüber hinaus Geldwäsche-relevante Sachverhalte entstanden sind. Nachweislich wurde dieser Verstoß in Kenntnis der Sanktionen durchgeführt und – noch schlimmer – es wurde versucht, diese Transaktionen zu verschleiern.

Hieraus resultierten Strafzahlungen von insgesamt rund 1,5 Milliarden USD. Diese Strafzahlung ist eine ausgehandelte Einigung mit den diversen Strafbehörden und ist in diesem Kontext als Bewährungsstrafe zu verstehen.

Eine der Bewährungsauflagen ist die Akzeptanz einer Prüfung durch den US-Monitor. Dieser Monitor besitzt eine Berichtspflicht gegenüber den US-amerikanischen Aufsichtsbehörden (DFS) und agiert vollkommen unabhängig von der Commerzbank oder deutschen Behörden.

6. Welche Methoden stehen im Kern der Betrachtung?[10]

Es handelt sich um eine weltweite Systemprüfung mit speziellem Fokus auf die Funktionsfähigkeit und Angemessenheit von Kontrollen im Umfeld der Umsetzung von Sanktionen und Geldwäsche.

Im Kern der Untersuchungen stehen Transaktionen, die US-Relevanz haben (das heißt die Abwicklung der Transaktion „berührt" ein Institut mit Sitz in der USA bzw. die Transaktion erfolgt in USD). In einer Bank mit einem Transaktionsbankansatz und zentraler Abwicklung sind an dieser Stelle datenschutz- und bankgeheimnisrelevante Sachverhalte (inkl. lokaler Regelungen) zu berücksichtigen. Ent-

---

[9] https://www.justice.gov/opa/pr/commerzbank-ag-admits-sanctions-and-bank-secrecy-violations-agrees-forfeit-563-million-and.

[10] Es versteht sich von selbst, dass neben Datenanalysen auch weitere Prüfungshandlungen erfolgen. U.a. werden auch End-to-End Prozesse geprüft.

sprechende Abfragen sind somit – inkl. Erläuterungen – zu formulieren, die in endlicher Zeit ein Ergebnis erzeugen und die Daten entsprechend filtern bzw. aufbereiten. Denkbare Techniken, die auch schon in der Welt vor Hadoop in Gebrauch waren, sind:

- Parallelisierung (zur Beschleunigung),
- In-Memory Verarbeitung (z. B. über Makrovariablen) besonders wichtig für systemübergreifende Datenbankanalysen (Oracle vs. Db2),
- Verwendung von No-SQL Methoden,
- Grid – Technologien und
- dynamische Generierung von Auswertungscode.

Dieses eher abstrakte Darstellung soll darauf hinweisen, dass intelligente Anwendung herkömmlicher Abfragemethoden durchaus auch im Big Data Umfeld zu performanten Ergebnissen führen kann.

Schon Eingangs haben wir gesehen, dass Komplexität auch dadurch entstehen kann, dass effiziente Algorithmen zumindest nicht bekannt sind.

Nehmen wir das Beispiel der deutschen IBAN, die aus 22 Stellen besteht. Im Rahmen von Auswertungen ist es in Einzelfällen notwendig, zu erkennen, ob es sich um eine formal[11] valide IBAN handelt. Eine deutsche IBAN hat die Form DE PPBB BBBB BBKK KKKK KKKK. Hierbei bezeichnet BBBBBBBB die Bankleitzahl und KKKKKKKKKK die Kontonummer. Die Prüfziffer PP lässt sich aus den restlichen Stellen (nach Umformung) berechnen. Der Algorithmus heißt Modulo 9–0[12] und hat als Ergebnis die Zahl PP, wenn es sich um eine formal korrekte IBAN handelt.

Wir erkennen schnell, dass die Zahl für die Berechnung des Restes beim Teilen durch 97 zu lang ist, um dies in Excel zu berechnen. Was nun? Speichererweiterung oder Einführung neuer Datentypen?

Nein, es gibt eine einfache algebraische Lösung (Modulo). Vereinfacht gesagt, erkennt man schnell (Regeln für das Rechnen modulo p), dass man den Rest einer natürlichen Zahl einfach über eine geeignete Zerlegung dieser Zahl in „natürliche" Summanden. Dies entspricht im Wesentlichen dem Vorgehen beim schriftlichen Teilen.

---

[11] Formal bedeutet hier, dass weitere Prüfungen über Prüfziffern existieren, die Bankleitzahl und Kontonummer verifizieren helfen.

[12] https://www.hettwer-beratung.de/sepa-spezialwissen/sepa-kontoverbindungsdaten/iban-pr%C3%BCfziffer-berechnung/.

Die eigentliche Berechnung ist für die nachfolgende Erkenntnis nicht wesentlich und kann an vielen Stellen im Internet nachvollzogen werden.
Wesentlich ist die Erkenntnis, dass nicht in jedem Fall der funktionale Umfang eines BI[13]-Systems bzw. die „eingeschränkte" Rechenleistung schuld ist.

7. Welche Schwierigkeiten treten bei der Datenaufbereitung auf?

Die Notwendigkeit der Datenaufbereitung leitet sich aus der Anforderung her, die durch den Prüfer und seine „Zeittoleranz" mitbestimmt wird. In regulatorischen Auswertungsanforderungen müssen wir oftmals weit zurückliegende Zeiträume (> 6 Jahre) betrachten.

Die Aufbereitung der Daten folgt immer einem bestimmten Zweck. In diesem Falle muss eine maschinelle Auswertbarkeit ermöglicht werden, um den Anforderungen der Prüfer gerecht zu werden (wir erinnern uns an Eingangs genannte Größenordnungen im Zahlungsverkehr).

Der Aufwand für die Aufbereitung ergibt sich unseres Erachtens aus der Betrachtung der nachfolgenden Faktoren:

- befinden sich die Daten bereits in auswertbaren Strukturen (z. B. relationale Datenbankmanagementsysteme) oder bestehen diese – hoffentlich elektronischen – Listen aus variablem, möglicherweise sogar binären Format?
- Sind die Daten ihrem Inhalt nach vollständig fachlich und technisch beschrieben?
- Sind zum Prüfungszeitpunkt Mitarbeiter, mit entsprechender Reverdatungsexpertise im vergleichbaren Kontext in ausreichendem Umfang verfügbar?
- Gibt es ausreichende Fachexpertise zu einem IT- STP Prozess um die Daten aus fachlicher Sicht zu beurteilen?
- Haben sich die Daten hinsichtlich Ihrer Struktur und Ihrem Inhalt bzw. in Ihrer Bearbeitungslogik über die Jahre verändert?
- Gibt es ausreichend erfahrene Mitarbeiter, die Datenbestände strukturübergreifend und mit einem Ergebnis in endlicher Zeit auswerten können?
- Werden Daten an der richtigen Stelle der technischen Prozesskette abgegriffen oder anders ausgedrückt ist der Lebenszyklus der Transaktion erkennbar?

Als Beispiele besonders aufwändiger Aufbereitungen können wir konkreter nennen:

---

[13] Business Intelligence. Beispiele sind – ohne jeglichen Anspruch auf Vollständigkeit – SAS, SPSS, qlik usw.

- sich mindestens täglich verändernde Listen z. B. des Office of Foreign Asset Control (OFAC)[14], das sind die Filter, die z. B. alle bekannten und von den US-Behörden als relevant erachteten „bösen Jungs" (rund 7 Megabyte tägliches Listenmaterial)
- die „Alarm zu Transaktionen"-Sicht, das heißt, die Anreicherung von z. B. sog. OFAC-Alarmen mit erweiterten Transaktionsdaten
- die Aufbereitung von Archivlisten mit variablen Inhalten und Längen in auswertbaren Formaten

Auch hier gibt es Erkenntnisse. Wenn man an einer Stelle erkannt hat, dass ein Reverdatungsaufwand bzw. Auswertungsaufwand unverhältnismäßig ist, so muss man nach intelligenten, dem Problem angepassten Lösungen suchen. Diese können wie bereits weiter oben dargestellt aus einem Bündel von Optionen bestehen. Das Nachdenken im Rahmen der gegebenen Technologien, der Aufbau kontinuierlicher Lieferstrecken und / oder der Einführung neuer Technologien gehören spätestens zu diesem Zeitpunkt zu einem kontinuierlichen Vorgehen.

8. Technologische Entwicklungen im Zahlungsverkehr der Finanzbranche

8.1 PayDirect

Wer hat noch nicht davon gehört ...

PayDirekt[15] stellt die Antwort der deutschen Banken auf bereits existierende und etablierte Serviceanbieter im Bankenumfeld dar (z. B. PayPal). Stark beworben durch die Banken (insbesondere mit dem Argument Datenschutz und Verfahrenssicherheit) bleibt für diese in das Online Banking integrierte Lösung noch Luft nach oben (derzeit 730 teilnehmende Shops und etwa 1 Mio. registrierte Kunden).

Der Marktführer PayPal hat in Deutschland etwa 50.000 Online Shops und 16 Millionen aktive Kunden.[16]

8.2 Social Media Nutzung (facebook, Whatsapp und Co)

Ja, auch Banken beteiligen sich immer mehr an der Nutzung von Medien zur Kommunikation.

---

[14] https://www.treasury.gov/about/organizational-structure/offices/Pages/Office-of-Foreign-Assets-Control.aspx.
[15] https://www.paydirekt.de/.
[16] https://www.bundestag.de/blob/434296/5dbc531d88cd738eccbe2e9b8079f1d1/wd-4-059-16 pdf-data.pdf.

Dies beginnt bei der Kontoeröffnung im Videochat, geht über die Koordination von Diskussionen in den relevanten Social Media und endet im Kundenchat (ggfs. mit einem Chatbot) über die Online Banking App.

Die Diskussion um die „zulässige" Nutzung von Daten ist sicherlich längst nicht abgeschlossen und wie bei allen Themen um Banken herum von der öffentlichen Meinung geprägt und bestimmt (erinnern wir uns nur an die Kritik an automatisierten Ratings über Regressionsmodelle). Dieser Sachverhalt würde sicherlich einen eigenen Aufsatz rechtfertigen und wird hier nicht weiter vertieft.

8.3 PSD2

Die Payment Services Directive (PSD2)[17] als Europäische Zahlungsdienstrichtlinie wird in Q4 2018 umzusetzen sein. Hiermit reagiert die Gesetzgebung auf die stetig zunehmenden Innovationen im Zahlungsverkehrs- und Bankenumfeld.

Die wesentlichen Themen sind:

- Schaffung einer rechtlichen Grundlage für Zahlungen im Internet und per Mobiltelefon (z. B. Apple Pay)
- Schaffung eines EU-weiten Zugangs zum Zahlungsverkehrsmarkt für „Dritte Zahlungsdienstleister" (z. B. Verpflichtung für Banken Schnittstellen für Bezahlverfahren wie amazon pay zu schaffen)
- Erhöhung von Verbraucherschutz und Kundenauthentifizierung (Verstärkung von Authentifizierungsmechanismen, Verlagerung der Haftung bei nicht autorisierten Zahlungsvorgängen auf die Banken)
- Einschränkung von Ausnahmen (z. B. bankenunabhängige Geldautomaten)

Insgesamt ist zu sehen, dass diese Regulierung einen hohen Aufwand für Kreditinstitute bedeutet und eine Herausforderung für die bestehenden Geschäftsmodelle und z. T. auch für die bestehende Technik der Banken darstellt.

8.4 Hadoop Hype[18]

Mittlerweile sind alle Unternehmen, die „mit der Zeit" gehen wollen auf den Hadoop-Zug aufgesprungen. Auch die Banken schwimmen auf dieser Welle mit. Mit

---

[17] https://die-dk.de/zahlungsverkehr/electronic-banking/psd2-kontoschnittstelle.
[18] Die Darstellung, welche Algorithmen in welchem Umfang parallelisiert werden können bzw. die Wiedergabe des Standes der Forschung würde weit über den Umfang dieses Aufsatzes hinausgehen. Dies betrifft ebenso die Auswirkung des Einsatzes von Hadoop auf Möglichkeiten im Deep-Learning bzw. auf Prognosemöglichkeiten.

diesem Hype verbunden sind teils völlig überzogene Vorstellungen (auch mit Hadoop werden sich die Daten nicht von selbst auswerten).

Die Geburtsstunde von Hadoop ist wohl auf die Veröffentlichung des Google MapReduce Algorithmus in Dezember 2004 zurückzuführen. Wer sich immer gefragt hat, was hadoop bedeutet, der darf hier keinen besonderen Sinn erwarten. Angeblich ist dies der Name den ein Kind einem gelben Spielelefanten gegeben hat[19]. Ein Hadoop Erfahrungsbericht wäre sicherlich Gegenstand eines eigenen Vortrags, doch ein kurzer Eindruck zum Sachstand soll hier trotzdem gegeben werden.

„Fast beliebig große Datenmengen aus unterschiedlichsten Systemen, mit beliebiger Struktur schnell, effizient und kostengünstig verwalten, nutzen und auswerten zu können." [20] Wer möchte das nicht?

Die Wirklichkeit holt die Unternehmen da schnell ein:

- Fast beliebig große Datenmengen (grundsätzlich richtig, aber die Übertragung von Petabytes stellt für die bestehenden Übertragungsprogramme eine Herausforderung dar, die sich zeitlich und ressourcentechnisch als Hürde darstellt)
- aus unterschiedlichsten Systemen (grundsätzlich richtig, aber die Daten müssen ins HDFS (hadoop file system) konvertiert werden, mit allen Fehlermöglichkeiten, die so eine Vielfach-Speicherung mit sich bringt)
- mit beliebiger Struktur schnell, effizient und kostengünstig (dies gilt nur für die reine Dateiablage, wenn man damit zufrieden ist …)
- nutzen und auswerten zu können (der eigentliche Aufwand steckt in der Schematisierung der abgelegten Daten und in der sicheren Integration in bestehende BI-Lösungen bzw. Schaffung einer Governance-Struktur für neue Visualisierungstechniken aus dem Hadoop-Öko-System).

Als Fazit bleibt die Erkenntnis, dass es ein langer und steiniger Weg ist, hadoop Technologien und dringend benötigte Governance-Strukturen im Unternehmen einzuführen.

8.5 Echtzeitzahlungen (Instant Payments)

Eine weitere Innovation im deutschen Zahlungsverkehr stellen die sog. Instant Payments dar, die in zwei oder drei Jahren (offiziell ab November 2017) im sog. SEPA-Raum aller Voraussicht nach Realität werden (optional für die Kreditinstitute). Im Gegensatz zur klassischen Überweisung sollen diese Echtzeitzahlungen

---

[19] Tom White, Hadoop: The Definitive Guide (ISBN-13: 978-1491901632).
[20] http://barc.de/hadoop-data (wenn auch hier kritisch dargestellt).

24/7 an 365 Tagen im Jahr und in wenigen Sekunden auf dem Empfängerkonto gutgeschrieben werden.

Nationale Lösungen im Sepa Raum existieren in diesem Zusammenhang schon länger (z. B. Dänemark, Finnland, Norwegen oder Polen).

8.6 Blockchain (oder besser Distributed Ledger Technologie)

Hier sind derzeit viele Institute im Finanzsektor mit der Entwicklung von Prototypen beschäftigt, mit denen insbesondere die Leistungsfähigkeit und die Skalierbarkeit einer solchen Blockchain-basierten Anwendung analysiert werden soll.

Ein Pilot wird gemeinsam von Deutscher Bundesbank und deutscher Börse weiterentwickelt (Zug um Zug Abwicklung von Wertpapieren). Dieser ist jedoch nach – auf der Internetseite der Bundesbank veröffentlichten Angaben – noch weit von einer Marktreife entfernt.[21]

Diese Aussage zur Erstellung von Prototype und der Marktreife kann – auf die diversen Initiativen der deutschen Banken übertragen werden.
Die Commerzbank hat sich in diesem Zusammenhang schon sehr früh an dem R3-blockchain-Consortium beteiligt[22].

Literatur

BaFin – Bundesanstalt für Finanzdienstleistungsaufsicht. (2017). *Recht und Regelungen.* Frankfurt am Main: BaFin (www.bafin.de).
Bundesministerium der Justiz und für Verbraucherschutz. (2017). *Gesetz über das Kreditwesen.* Berlin: juris GmbH.
Carl-Ludwig Thiele. (2016). *Von der Anwendung noch weit erntfernt.* Frankfurt am Main: Börsen-Zeitung.
Commerzbank AG. (2017). *Basispräsentation der Commerzbank.* Frankfurt am Main: Commerzbank AG.
Deutsche Bundesbank. (2017). *Zahlungsverkehrsstatistik.* Frankfurt am Main: Deutsche Bundesbank (www.bundesbank.de).
Die Deutsche Kreditwirtschaft. (2017). *PSD2-Kontoschnittstelle.* Berlin: BVR (www.die-dk.de).
George, V. (2017). *Banks paid $321 bln in fines since fincancial crisis – BCG.* United States: Thomson Reuters (www.reuters.com).

---

[21] https://www.bundesbank.de/Redaktion/DE/Pressemitteilungen/BBK/2016/2016_11_28_blockchain_prototyp.html.
[22] http://www.reuters.com/article/banks-blockchain-idUSL5N11Z2QE20150929.

Grosser, T., Bloemen, J., Mack, M., & Vitsenko, J. (2017). *Hadoop and Data Lakes.* Würzburg: Business Application Research Center – BARC GmbH.

Hettwer UnternehmensBeratung GmbH. (2017). *SEPA IBAN – Prüfziffer berechen –.* Bremen: Klaus Georg Hettwer (www.hettwer-beratung.de).

Kelly, J. (2015). *Thirteen more top banks join R3 blockchain consortium.* London: Thomson Reuters.

Krebber, D. M. (2010). *Die Integration tritt in die entscheidende Phase.* Frankfurt am Main: Commerzbank AG.

Mühlauer, A., Obermaier, F., & Wormer, V. (2017). *Panama Papers – Die Geheimnisse des schmutzigen Geldes.* München: Süddeutsche Zeitung GmbH.

paydirekt GmbH. (2017). *Mit paydirekt können Sie unter anderem hier einkaufen.* Frankfurt am Main: Dr. Niklas Bartelt, Dr. Helmut Wißmann.

U.S. Department of Justice. (2015). *Commerzbank AG Admits to Sanctions and Bank Secrecy Violations.* Washington, DC: DoJ Office of Public Affairs (www.justice.gov).

U.S. Department of the Treasury. (2017). *Office of Foreign Assets Control (OFAC).* Washington, DC: OFAC (www.treasury.gov).

White, T. (2015). *Hadoop – The Definitive Guide, Forth Edition.* Sebastopol (U.S.): O'Reilly.

Winter, T. (2017). *Data-Center hängen Airport ab.* Frankfurt am Main: Frankfurter Allgemeine Rhein-Main (http://www.faz.net).

Wissenschaftliche Dienste Deutscher Bundestag. (2016). *Daten zur Marktposition von PayPal in Deutschland.* Berlin: Deutscher Bundestag (www.bundestag.de).

Von der Erkenntnistheorie zur Ethik von Big Data und maschinellem Lernen

Dr. Wolfgang Pietsch
Wissenschaftlicher Mitarbeiter, Munich Center for Technology in Society

Inhaltsübersicht

1.	Einleitung	103
2.	Zur Erkenntnistheorie datenintensiver Wissenschaft	105
2.1	In alter empiristischer Tradition	107
2.2	Phänomenologischer Ansatz	109
2.3	Komplexität und Automatisierung	112
3.	Von der Erkenntnistheorie datenintensiver Wissenschaft zur Ethik selbstlernender technischer Systeme	113
3.1	Implementierung ethischer Theorien	114
3.2	Moral lernen	117
3.3	Chancen selbstlernender moralischer Systeme	119
4.	Zusammenfassung und Ausblick	120
5.	Literaturverzeichnis	121

1. Einleitung

Maschinelles Lernen, große Datensätze und Philosophie. Wie passt das zusammen? Viele Leser werden sofort an ethische Fragen denken, zum Beispiel inwieweit das uneingeschränkte Sammeln von Daten in sozialen Medien mit Prinzipien der Privatheit vereinbar ist, wie ein autonomes Fahrzeug in einer Dilemmasituation reagieren soll, inwieweit bewaffnete Drohnen eigenständig Entscheidungen treffen dürfen, in welchem Maß künstliche Intelligenz den Arbeitsmarkt verändert oder ob Expertensysteme die Rückfälligkeit von Kriminellen beurteilen dürfen? Diese Fragen sind unbestrittenermaßen wichtig, jedoch erschöpfen sie keineswegs den Beitrag, den die Philosophie zu aktuellen Debatten um künstliche Intelligenz und ihre Auswirkungen leisten kann.

Neben grundlegenden Fragen menschlichen Handelns, wie sie in der Ethik diskutiert werden, interessiert sich die Philosophie gleichermaßen für Grundfragen menschlicher Erkenntnis. Wenn es nun um die Auswirkungen moderner Informationstechnologien geht, so sind erkenntnistheoretische Fragen nicht minder bedeutsam: Inwieweit unterscheidet sich maschinelles Lernen vom menschlichen Erkenntnisprozess? Kann künstliche Intelligenz Probleme verstehen, die sich dem Menschen aufgrund bestimmter kognitiver Einschränkungen verschließen? Können künstliche Systeme Kreativität entfalten? Inwieweit ist es möglich, dass künstliche Intelligenz über die reine Vorhersage von Phänomenen hinaus ein grundsätzliches Verständnis der Welt entwickelt?

Letztlich ist eine erkenntnistheoretische Durchdringung sogar vielfach eine Voraussetzung für die Diskussion ethischer Aspekte. Zumindest teilweise werden die Antworten auf ethische Fragen von den erkenntnistheoretischen Grundlagen abhängen. Dieses Zusammenspiel von Erkenntnistheorie und Ethik soll in dem vorliegenden Aufsatz beispielhaft dargelegt werden. Ein solcher Ansatz ist vielleicht auch für den Bereich der Betriebs- und Wirtschaftsprüfung interessant, weil dort deskriptive und normative Aspekte untrennbar miteinander verknüpft sind. Bei einer Prüfung geht es eben nicht nur darum einen Sachverhalt zu erfassen und zu beschreiben, sondern dieser soll anschließend auch gemäß vorgegebenen Kriterien bewertet werden. Insofern kann der vorliegende Aufsatz auch aus der Perspektive gelesen und verstanden werden, welche normativen Auswirkungen eine zunehmende Verwendung von digitalen, opaken und automatisierten Formen der Prüfung nach sich ziehen mag, das heißt wenn eine Vielzahl von Entscheidungen, beispielsweise welche Daten erfasst werden sollen oder was kontrolliert werden soll, einem technischen System überlassen wird.

Zuerst entwickle ich in Abschnitt zwei einige erkenntnistheoretische Grundlagen datenintensiver Wissenschaft.[1] Unter anderem argumentiere ich dafür, dass maschinelles Lernen mit großen Datensätzen in einer alten und bedeutenden, aber weitgehend aus der Mode gekommenen Tradition induktivistischer wissenschaftlicher Methodik steht. Vieles, was heute befremdlich anmutet, wie etwa der Fokus auf uninterpretierte Daten oder der weitgehende Verzicht auf Hypothesen, wurde in der Vergangenheit im Rahmen induktivistischer Ansätze so oder ähnlich bereits vertreten. Darüber hinaus ziehe ich einen Vergleich zwischen datenintensiver Wissenschaft und phänomenologischen Wissenschaften wie den Ingenieurwissenschaften, wobei sich deutliche Parallelen zeigen, beispielsweise was das induktive Vorgehen oder die Rolle von Kausalität betrifft. All diese Überlegungen zeigen letztlich, dass datenintensive Wissenschaft keineswegs so außergewöhnlich ist, wie häufig behauptet wird. Trotzdem gibt es auch Besonderheiten, die ich ebenfalls kurz ansprechen werde, wobei vor allem die Automatisierung des gesamten wissenschaftlichen Prozesses zu nennen ist und damit zusammenhängend die Fähigkeit bestimmte Typen komplexer Phänomene besser vorherzusagen, als es mit traditionellen wissenschaftlichen Methoden möglich ist.

Im dritten Kapitel zeige ich, wie sich die zuvor skizzierten erkenntnistheoretischen Grundlagen auf ethische Fragestellungen zu Big Data und maschinellem Lernen auswirken. In der Anwendung führt die erwähnte Automatisierung zu einer immer stärkeren Autonomie selbstlernender technischer Systeme, die ich vor allem am Beispiel autonomer Fahrzeuge diskutiere. Insbesondere werde ich die Frage erörtern, wie sich moralische Aspekte in den Handlungen solcher Systeme berücksichtigen lassen. Dabei schneiden konventionelle ethische Ansätze wie der Konsequentialismus oder deontologische Ethiken eher schlecht ab, weil sie nicht zum induktivistischen Erkenntnisvorgang selbstlernender Systeme passen. Vielversprechender scheinen partikularistische oder fallbasierte Ethiken, welche aber noch auf den konkreten Anwendungsfall maschinellen Lernens mit großen Datensätzen zugeschnitten werden müssen. Die entscheidende Frage lautet damit, wie ein autonomes System moralisches Handeln lernen kann, und nicht, wie man dieses explizit einprogrammiert.

Schließlich soll noch betont werden, dass es neben den beträchtlichen ethischen Risiken von selbstlernenden technischen Systemen bis hin zum viel beschworenen versehentlichen Auslöschen der Menschheit auch außerordentliche Chancen gibt. Nicht zuletzt deutet vieles darauf hin, dass in naher Zukunft selbstlernende Systeme in fest umrissenen Anwendungskontexten wie dem autonomen Fahren präzisere moralische Entscheidungen treffen können als der Mensch mit seinen kognitiven Einschränkungen.

---

[1] Siehe z. B. auch Gray 2007, Callebaut 2012, Floridi 2012, Leonelli 2014, Kitchin 2014, Pietsch 2015.

2. Zur Erkenntnistheorie datenintensiver Wissenschaft

Angesichts der zunehmenden Bedeutung von Informationstechnologien in Forschung und Alltag ist gelegentlich die Ansicht vertreten worden, dass diese Entwicklungen eine völlig neue Epistemologie bedingen, eine neuartige Variante wissenschaftlicher Methode, welche möglicherweise den klassischen Anforderungen an ein wissenschaftliches Vorgehen gar nicht mehr gerecht wird. Populärer Ausgangspunkt dieser Debatte war ein kurzer Artikel im Technologie-Magazin WIRED, verfasst vom damaligen Chefredakteur Chris Anderson, in welchem dieser unter anderem schreibt: „The new availability of huge amounts of data, along with the statistical tools to crunch these numbers, offers a whole new way of understanding the world. Correlation supersedes causation, and science can advance even without coherent model, unified theories, or really any mechanistic explanation at all." (2008) Anderson beschwört das Ende der Theorie in den Wissenschaften und damit die Abkehr von traditionell hypothesengeleiteter Forschung.

In einem ebenfalls einflussreichen Buch, einem New York Times Bestseller, beschreiben Viktor Mayer Schönberger vom Oxford Internet Institute und Kenneth Cukier, Daten-Redakteur beim Economist, verschiedene grundlegende Veränderungen im Zusammenhang mit datenintensiver Wissenschaft. Demnach ist das wichtigste Merkmal moderner datenintensiver Ansätze das Suchen nach Mustern oder Korrelationen in den Daten und nicht mehr nach kausalen Zusammenhängen wie in traditioneller Wissenschaft:

> *„Big Data marks an important step in humankind's quest to quantify and understand the world. A preponderance of things that could never be measured, stored, analyzed, and shared is becoming datafied. Harnessing vast quantities of data rather than a small portion, and privileging more data of less exactitude, opens the door to new ways of understanding. It leads society to abandon its time-honored preference for causality, and in many instances tap the benefit of correlation. The ideal of identifying causal mechanisms is a self-congratulatory illusion; big data overturns this. Yet again we are at a historical impasse where 'god is dead.'" (2013, 18)*

Demnach zeichnet sich die neue datenintensive Epistemologie vor allem dadurch aus, dass Wissenschaft im Zeitalter von Big Data nicht mehr nach allumfassenden Theorien oder auch nur nach kausalen Gesetzmäßigkeiten sucht, sondern sich damit begnügt Muster und Korrelationen in den Daten zu erfassen. Während diese Muster für Vorhersage und Beeinflussung genutzt werden können, lassen sie üblicherweise keine Rückschlüsse für ein tieferes Verständnis der Phänomene zu. Die Grundlinien der neuen, vornehmlich auf Daten basierenden Epistemologie bestehen folglich vor allem darin, dass erstens fehlendes theoretisches Wissen und abstrakte

Modellbildung durch eine große Masse an Daten ersetzt werden und dass zweitens nur noch nach Mustern in den Daten gesucht wird statt kausaler Zusammenhänge oder grundlegender Erklärungen.

Kritik an der These einer solchen datengetriebenen Epistemologie verweist meistens darauf, dass es keinen Grund gibt, warum lediglich eine größere Menge an Daten die klassische wissenschaftliche Methode außer Kraft setzen sollte. Warum sollte eine rein quantitative Veränderung eine qualitative nach sich ziehen? Sean Carroll, Physiker am California Institute of Technology, schreibt beispielsweise in Antwort auf Andersons Thesen: „hypotheses aren't simply useful tools in some potentially outmoded vision of science; they are the whole point. Theory is understanding, and understanding our world is what science is all about." (Carroll 2008)[2] Ganz ähnlich formuliert der New Yorker Philosoph Massimo Pigliucci: „But, if we stop looking for models and hypotheses, are we still really doing science? Science, unlike advertising, is not about finding patterns—although that is certainly part of the process—it is about finding explanations for those patterns." (Pigliucci 2009, 534)

Zudem verweisen Big Data Skeptiker häufig darauf, dass Kausalität für wissenschaftliche Erkenntnis unverzichtbar sei und reine Korrelationen nicht ausreichen, weil vermeintlich nur Kausalität ein tieferes Verständnis der Phänomene ermögliche. Jeder einigermaßen mathematisch Gebildete kennt die Beispiele von hohen Korrelationskoeffizienten bei sinnfreien Zusammenhängen beispielsweise zwischen Geburtenrate und Storchenpopulation, zwischen Schokoladenkonsum und der Anzahl Nobelpreisträger eines Landes[3] oder der Scheidungsrate in Maine und dem pro-Kopf-Konsum von Margarine[4].

Tatsächlich irren sowohl die Verfechter als auch die Kritiker einer neuartigen Epistemologie in zentralen Punkten. Die Big Data Enthusiasten unterschätzen unter anderem die Bedeutung theoretischer Vorannahmen und wissenschaftlicher Modellbildung. Vor allem aber fehlt durch den Fokus auf Korrelationen und Mustererkennung ein robustes Kriterium, bedeutungsvolle Muster von zufälligen Mustern zu unterscheiden. Bezeichnenderweise lässt sich ein solches Kriterium gerade mithilfe des Kausalitätsbegriffs formulieren, den Big Data Enthusiasten jedoch im Allgemeinen ablehnen. Hierauf werde ich in Abschnitt 2.2 noch einmal kurz eingehen.

---

[2] Für weitere prominente kritische Reaktionen auf Andersons Artikel, die fast alle eine wissenschaftliche Methode im Rahmen klassischer Hypothesentests verteidigen, vergleiche https://www.edge.org/discourse/the_end_of_theory.html; siehe außerdem Frické 2014.

[3] https://blogs.scientificamerican.com/the-curious-wavefunction/chocolate-consumption-and-nobel-prizes-a-bizarre-juxtaposition-if-there-ever-was-one/.

[4] http://www.tylervigen.com/spurious-correlations.

Big Data Skeptiker hingegen vertreten häufig eine stark vereinfachte, rein hypothetisch-deduktive Vorstellung von wissenschaftlicher Methode im Sinne eines simplen Aufstellens und Testens von Hypothesen. Die Möglichkeit eines stärker induktiven Vorgehens wird abgelehnt, nicht zuletzt mit Verweis auf das Induktionsproblem, also die weitgehend ungelöste Frage einer Rechtfertigung von Induktionsschlüssen. Kreativität und Intuition sind demzufolge für das Aufstellen von Hypothesen unverzichtbar, was eine Algorithmisierung und Automatisierung des wissenschaftlichen Prozesses von vornherein unmöglich macht. Echte Wissenschaft bleibt also vor allem dem Menschen vorbehalten und außerhalb der Reichweite von künstlicher Intelligenz, welcher ebenjene Kreativität vorenthalten bleibt.

Zusammenfassend lässt sich feststellen, dass Big Data Enthusiasten die unverzichtbare Rolle von Kausalität übersehen, wenn es darum geht bedeutungsvolle von nutzlosen Zusammenhängen zu unterscheiden, während Big Data Kritiker naive Vorstellungen wissenschaftlicher Methode im Sinne von Hypothesentests vertreten. Im Folgenden werde ich nun skizzieren, dass datenintensive Wissenschaft gerade nicht in der Tradition eines hypothesengeleiteten Ansatzes steht, sondern vielmehr an induktivistische Strömungen anknüpft, die einst Vorstellungen über wissenschaftliche Methode dominierten, im vergangenen Jahrhundert aber stark in Verruf geraten sind – größtenteils zu Unrecht, wie ich andeuten werde.

2.1 In alter empiristischer Tradition

Ein wenig historischer Weitblick hilft die Debatte zu entwirren. Ein hypothetisch-deduktives Modell wissenschaftlicher Methode scheint heute weitgehend akzeptiert, wonach aus vorläufig angenommenen Sätzen oder Theorien deduktiv auf empirisch überprüfbare Folgerungen geschlossen wird. In unzähligen Gesprächen mit Wissenschaftlern aus den unterschiedlichsten Disziplinen, die ich in den letzten Jahren geführt habe, hat sich dieser Eindruck immer wieder bestätigt. Meistens beruft man sich dabei auf Karl Popper, der einen solchen Ansatz im vergangenen Jahrhundert vertreten und in Teilen selbst entwickelt hat (1935).

Neben hypothesen-geleiteten Ansätzen gab es in der Wissenschaftsgeschichte aber immer auch datenzentrierte Ansätze, die vor allem induktive Schlüsse auf allgemeine Gesetze in den Vordergrund stellen. Die Herangehensweise im maschinellen Lernen steht weitgehend in letzterer Tradition, die man als empiristisch bezeichnen könnte, weil sie den Ursprung wissenschaftlicher Erkenntnis in der konkreten Erfahrung sieht. Weil aber auch hypothesengeleitete Ansätze auf die Erfahrung als

Richter über Hypothesen und Theorien verweisen, werden wir im Folgenden von induktivistischen Ansätzen sprechen.[5]

Stellvertretend für einen überwiegend induktivistischen Ansatz können Methodiker wie Francis Bacon (1620), John Herschel (1851) oder auch John Stuart Mill (1886) genannt werden, aber auch Fachwissenschaftler wie Isaac Newton oder Jean-Marie Ampère. Letzterer schreibt beispielsweise in seinem Hauptwerk „Mathematical theory of electro-dynamic phenomena *uniquely derived from experiments*" (Kursivschreibung hinzugefügt):

> „*First observe the facts, while varying the conditions to the extent possible, accompany this first effort with precise measurement in order to deduce general laws based solely on experiments, and deduce therefrom, independently of all hypotheses regarding the nature of the forces which produce the phenomena, the mathematical value of these forces, that is to say, the formula which represents them, this was the path followed by Newton. This was the approach generally adopted by the scholars of France to whom physics owes the immense progress which has been made in recent times, and similarly it has guided me in all my research into electrodynamic phenomena. I have relied solely on experimentation to establish the laws of the phenomena and from them I have derived the formula which alone can represent the forces which are produced; I have not investigated the possible cause of these forces, convinced that all research of this nature must proceed from pure experimental knowledge of the laws [...].*" (Ampère 1826/2012, 2)

Weil die Gesetze einzig und allein aus der Erfahrung abgeleitet werden sollen, folgt, dass Hypothesen in einem induktivistischen Ansatz allenfalls eine untergeordnete Rolle spielen. Auch setzt ein induktivistischer Ansatz eine verlässliche induktive Methodik voraus, deren Existenz von Vertretern eines hypothetisch-deduktiven Ansatzes gemeinhin bestritten wird. Dies bedeutet umgekehrt, dass für den Induktivisten Intuition und Kreativität beim Aufstellen allgemeiner Gesetze nur eine geringe Bedeutung zukommen – im Gegensatz zum hypothetisch-deduktiven Vorgehen.

Datenintensive Wissenschaft steht offenbar stark in der induktivistischen Tradition, nicht zuletzt weil der Erkenntnisprozess bei der Erfahrung, den Daten, beginnt. Eine Automatisierung wissenschaftlicher Erkenntnis im Rahmen maschinellen Lernens ist zudem nur möglich, falls es einfache (induktive) Regeln gibt, mit denen

---

[5] Tatsächlich sind hypothetisch-deduktive Ansätze eher dem Rationalismus zuzuordnen. Popper beispielsweise bezeichnet seinen wissenschaftstheoretischen Ansatz als kritischen Rationalismus.

aus den Daten verlässliche Vorhersagen abgeleitet werden können. Damit können auch menschliche Kreativität und Intuition keine notwendige Rolle im Erkenntnisprozess spielen, weil diese eben genau nicht in allgemeinen formalen Regeln fassbar und damit auch nicht programmierbar sind. Wie bereits erwähnt, resultiert die Ablehnung datenintensiver Ansätze unter vielen Wissenschaftlern nicht zuletzt aus der weitverbreiteten, aber falschen Annahme, dass Wissenschaft immer hypothesengeleitet vorgeht. Dabei wird übersehen, dass es in der Wissenschaftsgeschichte sehr erfolgreiche induktivistische Ansätze gegeben hat und auch heute noch gibt, wenn auch nicht in den klassischen Leitwissenschaften wie der Physik – wie ich im nächsten Abschnitt zeigen werde.

Eine interessante Analogie lässt sich zu den beiden wichtigsten Paradigmen der künstlichen Intelligenz ziehen, symbolischen Ansätzen einerseits und konnektionischen Ansätzen andererseits (z. B. Brey und Soraker 2009), abgeleitet von entsprechenden Ideen in der Philosophie des Geistes. Im ersten Fall wird zuerst eine symbolische Repräsentation eines Phänomens im Computer erstellt, wobei die Symbole nach vorgegebenen Regeln manipuliert werden können. Dies geschieht weitgehend analog zur Modellbildung in einem hypothetisch-deduktiven Ansatz. Konnektionistische Ansätze hingegen verzichten weitgehend auf eine abstrakte Repräsentation, sondern versuchen stattdessen einen gegebenen Datensatz direkt zu modellieren. Typisch sind sogenannte neuronale Netze, welche im weitesten Sinne das menschliche Gehirn mit seinen vernetzten Neuronen zum Vorbild nehmen. Eine Modellierung im Rahmen von abstrakten Symbolen und allgemeingültigen Regeln findet nicht statt, neuronale Netze sind vielfach undurchschaubar und opak. Indem sie die Daten zum Ausgangspunkt nehmen, sind solche neuronalen Netze eher mit einem induktivistischen Vorgehen verwandt. Dazu passt auch, dass die derzeit erfolgreichsten Algorithmen im maschinellen Lernen, das so genannte deep learning, auf der Grundidee neuronaler Netze beruhen.

2.2 Phänomenologischer Ansatz

Die Kritik an hypothetisch-deduktiven Ansätzen im vorstehenden Abschnitt soll keineswegs so verstanden werden, dass Wissenschaft immer induktivistisch vorgeht. Tatsächlich dominieren in bestimmten Bereichen hypothetisch-deduktive, in anderen wiederum induktivistische Ansätze. Das weitverbreitete Missverständnis, dass wissenschaftliche Methode ausschließlich hypothesengeleitet ist, ist nicht zuletzt darauf zurückzuführen, dass ein derartiges Vorgehen in Leitwissenschaften wie der Physik oder der Biologie dominiert, während induktivistische Ansätze in eher weniger beachteten Wissenschaftsbereichen zu finden sind, beispielsweise in den Ingenieurwissenschaften.

Diese Beobachtung führt zu einer weiteren Unterscheidung, die für die erkenntnistheoretische Einordnung datenintensiver Wissenschaft relevant ist, nämlich zwischen theoretischen Wissenschaften wie der Physik einerseits und phänomenologischen Wissenschaften wie den Ingenieurwissenschaften andererseits. Die Unterscheidung ist dabei keineswegs neu, sondern sie wurde in der Vergangenheit in verschiedenen Varianten immer wieder vertreten, wobei man hier insbesondere Pierre Duhem (1954) und Nancy Cartwright (1983) hervorheben sollte. Der vielleicht wichtigste Unterschied zwischen beiden Bereichen ist, dass es bei theoretischen Wissenschaften um ein tieferes Verständnis und eine grundlegende Erklärung der Phänomene geht, während phänomenologische Wissenschaften vor allem auf Vorhersage und zielgerichtete Veränderung der Phänomene abzielen. So möchte – gemäß einem stark vereinfachten Bild – der Physiker die wenigen allgemeingültigen Gesetze finden, aus denen sich alles andere erklären lässt, während der Ingenieur die Phänomene gemäß einem vorgegebenen Zweck verändern möchte, häufig ohne im Detail zu verstehen, was vor sich geht. Wie wir gleich sehen werden, ist datenintensive Wissenschaft generell der phänomenologischen Ebene zuzurechnen.

Ein weiterer wichtiger Aspekt, in welchem sich beide Wissenschaftsbereiche unterscheiden, betrifft die Gesetze, die in den jeweiligen Bereichen aufgestellt und angewendet werden. In phänomenologischer Wissenschaft haben wir es vornehmlich mit kausalen Gesetzmäßigkeiten zu tun, die induktiv erschlossen, also üblicherweise nicht aus allgemeinen, übergeordneten Theorien abgeleitet sind. Diese Gesetze gelten kontextbezogen und gestatten aufgrund ihres kausalen Charakters verlässliche Vorhersagen und eine erfolgreiche Manipulation der Phänomene – in Einklang mit dem oben formulierten grundlegenden Ziel phänomenologischer Wissenschaft. Man denke hier an die Vielzahl experimentell erschlossener, stark kontextbezogener phänomenologischer Zusammenhänge, die in den Ingenieurwissenschaften verwendet werden.

Dagegen weisen die Gesetzmäßigkeiten in den theoretischen Wissenschaften keinen ausgeprägt kausalen Charakter auf. So werden die grundlegenden Axiome der Physik häufig im Sinne von impliziten Definitionen oder Konventionen verstanden. Beispielsweise ist eine mögliche Lesart der Newtonschen Axiome, dass durch diese unter anderem der Begriff der Kraft definiert wird. Die grundlegenden Axiome physikalischer Theorien sind demnach zu abstrakt und zu allgemein, um verlässliche Vorhersage und Manipulation zu gewährleisten – außer die Gesetze werden zusammen mit einer Vielzahl weiterer Hilfsannahmen in einen gegebenen Anwendungskontext übertragen. Dementsprechend ist das Ziel in den theoretischen Wissenschaften vor allem die Bereitstellung eines konzeptionellen Rahmens, der nicht auf einen speziellen Kontext zugeschnitten, sondern in verschiedenen Bereichen anwendbar ist. In diesem Sinne zielt theoretische Wissenschaft auch auf Vereinheitlichung der Phänomene ab, welche wiederum zum Verständnis der Welt beiträgt. Zum Beispiel bieten die Gesetze der Newtonschen Mechanik für ganz unterschiedliche Phänomene einen konzeptionellen Rahmen, für Pendelbewegungen, für elektrostatische Anziehung, für die Gezeiten usw. Dabei genügen diese Gesetze keineswegs die kausale Struktur der genannten Phänomene vollständig zu erfassen und daraus konkrete Vorhersagen zu treffen.

Dementsprechend befassen sich theoretische Wissenschaften üblicherweise nur mit wenigen, paradigmatischen Phänomenen, mit deren Hilfe sich ein allgemeiner konzeptioneller Rahmen entwickeln lässt. Der Wissenschaftstheoretiker Thomas Kuhn spricht in diesem Zusammenhang von so genannten „exemplars" (1970). In der Physik wären das beispielsweise die schiefe Ebene, das Pendel, das Planetensystem oder moderne Teilchenbeschleuniger. Demgegenüber nehmen phänomenologische Wissenschaften eine viel größere Breite von Phänomenen in den Blick. Einem Bauingenieur genügt es eben nicht aus einigen wenigen idealisierten Fällen allgemeine Prinzipien der Statik abzuleiten, sondern er möchte in den verschiedensten Situationen wissen, ob ein Haus oder eine Brücke den angreifenden Kräften standhält oder nicht. Dafür ist erhebliches Kontextwissen notwendig. Während sich der Physiker also vornehmlich für die Zusammenhänge in paradigmatischen Phänomenen interessiert, will der Ingenieur die kausale Struktur einer viel größeren Bandbreite von Anwendungskontexten erschließen.

Offenbar spielt Kausalität eine zentrale Rolle bei der Unterscheidung von phänomenologischen und theoretischen Wissenschaften. Daher möchte ich im Folgenden noch kurz auf diesen Begriff eingehen. Wie bereits diskutiert, erlaubt es Kausalität vor allem, zwischen sinnvollen und nutzlosen Zusammenhängen zu unterscheiden, wie etwa von der Wissenschaftsphilosophin Nancy Cartwright betont wird: „I claim causal laws cannot be done away with, for they are needed to ground the distinction between effective strategies and ineffective ones." (1979, 420) Nur bei einem direkten kausalen Zusammenhang zwischen einer Variable X als Ursache und einer weiteren Variable Y als Wirkung ist sichergestellt, dass eine Veränderung der Ursache eine Veränderung der Wirkung nach sich zieht. Bei einer reinen Korrelation ist dies grundsätzlich nicht der Fall. Deswegen muss datenintensive Wissenschaft immer dann auf Kausalzusammenhänge abzielen, wenn sie erfolgreich in die Phänomene eingreifen möchte, beispielsweise sicherstellen möchte, dass bestimmte Medikamente eine Krankheit erfolgreich bekämpfen oder dass bestimmte Informationen einen potentiellen Wähler überzeugen für den Kandidaten einer Partei zu stimmen.

Wenn es nicht um zielgerichtete Veränderung geht, sondern lediglich um eine verlässliche Vorhersage einer Variable Y durch eine weitere Variable X, ist zwar kein direkter Kausalzusammenhang zwischen diesen Variablen erforderlich. Es muss aber zumindest eine Kausalstruktur existieren, die den Zusammenhang zwischen X und Y auf eine gemeinsame Ursache Z zurückführt. Eine reine Korrelation ohne gemeinsame Ursache kann hingegen keine verlässlichen Vorhersagen begründen. Damit erweist sich das Erschließen einer kausalen Struktur sowohl für verlässliche Vorhersagen als auch für erfolgreiche Veränderung als unerlässlich. Anders als von vielen Big Data Enthusiasten behauptet (vgl. das Zitat von Mayer-Schönberger und Cukier zu Beginn des Kapitels), bedeutet Big Data und maschinelles Lernen keineswegs eine Abkehr von Kausalität, vielmehr rückt Kausalität als zentraler Begriff ins Zentrum, der alleine begründen kann, unter welchen Umständen datenintensive Wissenschaft verlässliche Ergebnisse produziert.

Zusammenfassend lässt sich sagen, dass datenintensive Wissenschaft klar in der Tradition phänomenologischer Wissenschaft steht. Wie auch in der populären Literatur zu Big Data immer wieder unterstrichen, geht es nicht um Erklärung, sondern fast ausschließlich um Vorhersage und Beeinflussung. Zu diesem Zweck versuchen typische Algorithmen des maschinellen Lernens stark kontextabhängig die kausale Struktur von Phänomenen zu erschließen und keineswegs wenige allgemeingültige Gesetze zu erkennen.

2.3 Komplexität und Automatisierung

Wenngleich datenintensive Wissenschaft, wie gerade beschrieben, in den Bereich phänomenologischer Wissenschaft einzuordnen ist, lohnt es sich dennoch auf ihre Besonderheiten beispielsweise im Vergleich zu den Ingenieurwissenschaften einzugehen.

Vielleicht der wichtigste Aspekt betrifft die Komplexität der Phänomene, die durch datenintensive Wissenschaft untersucht werden können. Mit den Methoden maschinellen Lernens kann eine viel größere Anzahl möglicher Einflussvariablen berücksichtigt werden als beispielsweise beim klassischen Experimentieren. Ebenso kann eine viel größere Anzahl von Datenpunkten, die jeweils Kombinationen möglicher Werte der Einflussvariablen erfassen, zur Modellierung herangezogen werden. Damit können bei ausreichend Daten beispielsweise auch komplizierte nichtlineare Zusammenhänge nachvollzogen werden, die keiner einfachen analytischen Funktion folgen. Es können mithilfe datenintensiver Wissenschaft also viel komplexere kausale Strukturen nachvollzogen werden als mit traditionellen wissenschaftlichen Methoden. Die Zeiten, in denen zum Beispiel soziale Phänomene auf einfache, mathematisch handhabbare Modelle mit einigen wenigen dominanten Einflussvariablen zurückgeführt werden mussten, sind damit möglicherweise vorüber. Die schwache Vorhersagefähigkeit vieler Bereiche in den Sozialwissenschaften ist sicher unter anderem darauf zurückzuführen, dass konventionelle Modellierungsansätze die tatsächliche Komplexität sozialer Phänomene zu stark vereinfachen. Datenintensive Wissenschaft könnte hier Abhilfe schaffen, wobei das Ausmaß, in welchem dieses gelingen wird, noch völlig offen ist.

Ein eng verwandter Aspekt betrifft die Automatisierung des induktiven Prozesses. Weil der Mensch nicht in der Lage ist vergleichbar viele Variablen und Datenpunkte zu verarbeiten wie ein Computer oder die Cloud, muss der gesamte Vorgang von der Datenerfassung durch Sensoren über die Datenverarbeitung bis hin zur Vorhersage eines bestimmten Ereignisses automatisiert ablaufen, weitgehend ohne einen zwischengeschalteten menschlichen Eingriff, welcher notwendigerweise eine Komplexitätsreduktion erfordern würde.

Als weiterer Punkt hat man es in datenintensiver Wissenschaft meistens mit Beobachtungsdaten zu tun, während klassische phänomenologische Wissenschaften wie die Ingenieurwissenschaften vornehmlich experimentell arbeiten. In letzteren werden kausale Strukturen häufig über exploratives Experimentieren bestimmt, indem relevante Variablen verändert werden und ihr jeweiliger Einfluss beobachtet wird (Steinle 1997, Burian 1997). Dies geschieht beispielsweise, wenn man die optimale Flügelform eines Flugzeugs in einem Windkanal untersucht. Dagegen haben die Daten in datenintensiver Wissenschaft häufig keinen explizit experimentellen Ursprung. Die Variation möglicherweise relevanter Variablen wird dann nicht explizit herbeigeführt, sondern steckt implizit in den Daten.

Die ersten beiden Aspekte, Komplexität und Automatisierung, bedingen die sogenannte Opazität oder Undurchschaubarkeit vieler datenintensiver Ansätze. Die Modellierung ist für den Menschen oftmals nicht mehr nachvollziehbar. Damit können für viele Bereiche auch keine für den Menschen verständlichen Erklärungen mehr abgeleitet werden. Trotzdem liefert datenintensive Wissenschaft verlässliche Vorhersagen, falls es den verwendeten Algorithmen gelingt über gezielte Variablenvariation die kausale Struktur der untersuchten Phänomene zu erschließen.

3. Von der Erkenntnistheorie datenintensiver Wissenschaft zur Ethik selbstlernender technischer Systeme

Im Folgenden möchte ich den Bogen spannen von den gerade diskutierten erkenntnistheoretischen hin zu ethischen Aspekten. Die Notwendigkeit einer besonderen ethischen Reflexion datenintensiver Wissenschaft ergibt sich vornehmlich aus zwei Aspekten. Zuerst einmal führen phänomenologische Ansätze im Gegensatz zu abstrakten Theorien unmittelbar auf ethische Fragestellungen. Das liegt vor allem daran, dass erstere auf kausale Zusammenhänge abzielen, welche dazu verwendet werden können verändernd in die Phänomene einzugreifen, mit anderen Worten also in der Welt zu handeln. Hingegen dienen die abstrakten Modelle theoretischer Wissenschaft vor allem der Erklärung und theoretischen Einordnung von Phänomenen. Für den Datenwissenschaftler wie für den Ingenieur, die die Welt verändern möchten, stellen sich ethische Fragen viel drängender als für den Physiker, der zuvorderst nach Erkenntnis strebt.

Als zweiter und vielleicht noch wichtigerer Aspekt ist die zunehmende Autonomie von KI-Technologien zu betonen, die aus der in Abschnitt 2.3 skizzierten Automatisierung folgt. Autonomie bedeutet hier, dass diese Technologien zumindest teilweise in der Lage sind, wohlinformierte, nicht von außen erzwungene Entscheidungen zu treffen und entsprechend zu handeln (z. B. Brey und Soraker 2009, 1373). Je umfassender die Autonomie eines selbstlernenden technischen Systems, umso wichtiger werden ethische Überlegungen bei der Entscheidungsfindung, damit sich diese Systeme nahtlos ins menschliche Zusammenleben einfügen können ohne disruptiv zu wirken.

Es ist gut vorstellbar, dass verschiedene Instrumente im Bereich Geschäftsprüfung und Accounting eines Tages so selbstständig agieren, dass es notwendig wird über die Implementierung konkreter ethischer Maßstäbe nachzudenken. Unter welchen Umständen sollen weitere Informationen angefordert werden? Wann sollen Strafen oder Sanktionen angedroht werden? Dabei spielen sowohl rechtliche als auch moralische Aspekte eine Rolle, wobei erstere weniger problematisch sind, weil sie im Allgemeinen explizit gegeben sind und damit auch einfach formalisierbar sind. Moralische Urteile hingegen bedürfen üblicherweise einer bewussten Reflexion und eines Abwägens, welche nicht immer nach festen Regeln abzulaufen scheinen.

Auch weil ich im Bereich der Geschäftsprüfung nicht über ausreichend Expertise verfüge, möchte ich die folgenden grundsätzliche Überlegungen an einem anderen Beispiel illustrieren, welches in der öffentlichen Debatte aktuell breit diskutiert wird und in Bezug auf die ethischen Konsequenzen selbstlernender technischer Systeme vermutlich am besten untersucht ist: das autonome Fahren. Bereits heute erschließen sich hochautomatisierte Fahrsysteme selbstständig ihre relevante Umwelt und sollen auf dieser Grundlage weitgehend autonom handeln.[6]

3.1 Implementierung ethischer Theorien

Die erste Frage, die ich kurz skizzieren möchte, betrifft Möglichkeiten der Implementierung ethischer Konzepte in autonome technische Systeme, wobei verschiedene ethische Ansätze zugrunde gelegt werden können. Wichtig ist dabei die in der Ethik übliche Unterscheidung zwischen konsequentialistischen Ansätzen einerseits,

---

[6] Vgl. insbesondere den Bericht der Ethikkommission zum automatisierten und vernetzten Fahren des deutschen Bundesministeriums für Verkehr und digitale Infrastruktur (https://www.bmvi.de/SharedDocs/DE/Anlage/Presse/084-dobrindt-bericht-der-ethikkommission.pdf?__blob=publicationFile).

die Handlungen nach ihren Folgen beurteilen, und deontologischen Ansätzen andererseits, die Handlungen danach beurteilen, ob sie bestimmten allgemeinen Regeln genügen.

In einer typischen Dilemma-Situation beim autonomen Fahren könnte es beispielsweise vorkommen, dass sich ein System entscheiden muss, ob die Insassen des Fahrzeugs geopfert werden, indem das Auto gegen ein Hindernis steuert, oder ob es in eine Gruppe Spaziergänger fährt, welche hinter einer Kurve plötzlich die Straße versperren. Ein konsequentialistischer Ansatz würde zwischen den beiden Optionen aufgrund ihrer jeweiligen Folgen entscheiden, zuerst also die verschiedenen Handlungsoptionen aufzeigen und dann die jeweiligen Folgen auf Grundlage ihrer Eintrittswahrscheinlichkeit sowie ihres Nutzens und Schadens bewerten und gegeneinander abwägen. Dagegen würde ein deontologischer Ansatz abfragen, welche Handlung am ehesten in Einklang mit bestimmten allgemeinen Regeln und Verhaltensweisen steht, beispielsweise dass man nicht töten soll, anderen keinen psychischen oder körperlichen Schaden zufügen soll oder dass Unbeteiligte nicht durch eine Technologie zu Schaden kommen sollten, an der sie selber nicht teilhaben und von der sie nicht profitieren.

Was die Anwendbarkeit beider Ansätze im Bereich von selbstlernenden autonomen Systemen betrifft, besteht eine grundsätzliche Schwierigkeit, die sich aus den erkenntnistheoretischen Überlegungen des vorhergehenden Kapitels ableitet. Sowohl konsequentialistische als auch deontologische Ansätze setzen einen stark entwickelten konzeptionellen Rahmen voraus, aufgrund dessen einzelne Entscheidungen getroffen werden können. Solche allgemeinen Begrifflichkeiten und Regeln stehen in induktivistischen und phänomenologischen Ansätzen aber üblicherweise nicht zur Verfügung und damit können damit auch nicht von selbstlernenden technischen Systemen verwendet werden, welche üblicherweise mit den Methoden datenintensiver Wissenschaft ihre Umwelt erschließen, insbesondere maschinellem Lernen auf Grundlage großer Datensätze.

Ein konsequentialistischer Ansatz würde zum Beispiel voraussetzen, dass das autonome System die relevanten Folgen einer Handlung in den meisten Situationen ansatzweise übersieht, beispielsweise zwischen Personen- und Sachschaden trennen oder die Schwere einer Verletzung beurteilen kann. Selbstlernende technische Systeme sind nun aber überhaupt nicht darauf ausgelegt, solche konzeptionell anspruchsvollen Kategorien zu unterscheiden. Sicherlich ist auch der Mensch nicht immer in der Lage die genauen Folgen seiner Handlungen abzuschätzen, ihm stehen aber im Gegensatz zum autonomen System die abstrakten Kategorien zur Verfügung, mit deren Hilfe sich im Prinzip ein konsequentialistischer Ansatz durchführen ließe, selbst bei Entscheidungen unter Unwissenheit.

Analog verlangt ein deontologischer Ansatz, dass grundlegende moralische Regeln explizit in das autonome System einprogrammiert werden und dass dann jeweils abgeglichen wird, inwieweit eine Handlung mit diesen moralischen Regeln konform ist. Auch dieser Ansatz scheitert an der fehlenden Konzeptionalisierung durch selbstlernende Systeme. Relevante Begrifflichkeiten, die für die Anwendung der Regeln zentral sind, wie beispielsweise der Begriff des Tötens, wiederum die Unterscheidung zwischen Dingen und Personen oder auch die Frage, inwieweit eine Person unbeteiligt ist, werden in der stark kontextuellen, datenbasierten Herangehensweise von autonomen Fahrzeugen gar nicht entwickelt. Die verwendeten Algorithmen sind zu einer derart abstrakten Modellbildung gar nicht in der Lage. Selbstlernende Systeme erschließen in den seltensten Fällen die Außenwelt in denselben Kategorien und nach denselben Kriterien, die für das menschliche Zusammenleben moralisch relevant sind. Darüber hinaus sind die Methoden maschinellen Lernens derzeit nicht in der Lage anspruchsvolle deduktive Herleitungen zu entwickeln, wie sie für die Anwendung moralischer Prinzipien und Kategorien auf einen Einzelfall notwendig wären.

Hinzu kommt erneut der Aspekt der Komplexität. Es ist davon auszugehen, dass menschliches Handeln zu komplex ist, als dass man alle relevanten Regeln auch nur für einen beschränkten Erfahrungsbereich wie das autonome Fahren explizit machen und damit vollständig erfassen könnte. Üblicherweise unterschätzen wir das Ausmaß an Konventionen und Regeln, die wir verinnerlicht haben und die unser alltägliches Handeln leiten und ihm eine moralische Dimension verleihen. Wir machen häufig den Fehler moralische Relevanz nur in denjenigen Entscheidungen auszumachen, in denen wir bewusst die eine oder andere Option wählen, wobei wir scheinbar auf nur wenige sehr allgemeine Regeln zurückgreifen.

Eine erhellende Analogie findet man im Beispiel des maschinellen Übersetzens, welches eine der ersten erfolgreichen Anwendungen datenintensiver Methoden darstellt (Halevy, Norvig & Pereira 2009). Auch hier musste man nach anfänglichem Enthusiasmus feststellen, dass es nicht möglich ist alle grammatikalischen Regeln einer Sprache explizit zu erfassen und zu programmieren. Sprache ist generell zu komplex, es gibt zu viele Regeln und zu viele Ausnahmen. Was stattdessen funktioniert, sind Ansätze, bei denen das Programm die Übersetzungen aus einer großen Anzahl von Beispielen selbstständig lernt. Wie ich im folgenden Abschnitt diskutieren werde, wird man möglicherweise bei ethischen Überlegungen zu einem ähnlichen Schluss kommen.

Zusammenfassend lässt sich festhalten, dass die Anwendung klassischer ethischer Paradigmen im Bereich autonomer technischer Systeme an der fehlenden Konzeptionalisierung, der mangelnden Fähigkeit deduktiver Argumentation in solchen Systemen sowie an der Komplexität moralischer Phänomene scheitert.

3.2 Moral lernen

Der Gegensatz zwischen phänomenologischer und theoretischer Wissenschaft hat aus ethischer Sicht eine Entsprechung in der Unterscheidung zwischen fallbasierter und regelgeleiteter Argumentation. In den Rechtswissenschaften spricht man in dieser Hinsicht von kasuistischem Recht im Vergleich mit dem Gesetzesrecht. Anstatt allgemeine Regeln oder Prinzipien auf einen Einzelfall anzuwenden sucht man nach möglichst ähnlichen Fällen, zu denen es bereits ein Urteil oder zumindest eine juristische Einschätzung gibt. Haben die Unterschiede zwischen den untersuchten Fällen keine Relevanz, so kann das Urteil übernommen werden. Andernfalls muss es im Lichte der Unterschiede abgeändert werden. Im Grunde hat man es bei kasuistischen oder fallbasierten Ansätzen also mit Analogieschlüssen zwischen Einzelfällen zu tun statt mit deduktiven Ableitungen aus allgemeinen Regeln oder Prinzipien.

In der Geschichte der Ethik haben allgemeine Prinzipien und Regeln im Vergleich mit fallbasierten Ansätzen eine ungleich bedeutendere Rolle gespielt, ganz ähnlich wie in der Wissenschaftsgeschichte den großen Theorien viel mehr Aufmerksamkeit gewidmet wurde im Vergleich mit der Bändigung komplexer Phänomene beispielsweise in der ingenieurwissenschaftlichen Praxis. Fallbasierte Ansätze in der Ethik werden meistens unter dem Überbegriff ‚moralischer Partikularismus' diskutiert (Dancy 2013). Die Kernidee besteht darin, dass es keine übergeordneten allgemeingültigen Prinzipien gibt oder dass diese zumindest in den meisten Fällen nicht für eine moralische Beurteilung ausreichen, sondern immer auch die Besonderheit des Einzelfalls berücksichtigt werden muss und in Beziehung zu anderen Einzelfällen gestellt werden muss.

Neben der Faszination allumfassender Theorien und Prinzipien wie dem Kantschen Imperativ oder der Newtonschen Mechanik, gibt es auch tieferliegende Gründe für die Vernachlässigung phänomenologischer und fallbasierter Ansätze, die vor allem Zweifel an der analogischen Argumentationsweise betreffen. Analogieschlüsse werden dabei vielfach als rein heuristisches Instrument angesehen, welchem keine systematische Beweiskraft zukommt und das damit auch keine verlässlichen Aussagen erlaubt. Diese komplexe Debatte können wir hier nicht führen (vgl. Pietsch 2017), dennoch lässt sich in Anbetracht der Überlegungen aus Abschnitt 3.1 festhalten, dass eine Implementierung moralischer Aspekte in selbstlernenden technischen Systemen nur im Rahmen eines fallbasierten Ansatzes möglich ist. Die verwendete induktivistische Herangehensweise ist nicht geeignet für die Entwicklung eines konzeptionellen Überbaus allgemeiner Prinzipien und Kategorien, die deduktiv auf Anwendungsfälle schließen lassen. Demnach muss beispielsweise ein autonomes Fahrzeug die moralische Dimension seiner Handlungen aus den Daten selber erschließen, anstatt diese nach vorgegebenen, starren Regeln zu beurteilen.

Am besten kann man ein solches Erschließen des guten und richtigen Handelns mit dem moralischen Lernen eines Kindes vergleichen. Das Kleinkind steht letztlich vor denselben Problemen wie ein selbstlernendes technisches System. Es ist zu Anfang überhaupt nicht in der Lage die relevanten begrifflichen Kategorien zu erfassen, die das Anwenden allgemeiner moralischer Regeln erlauben.[7] Was ist der Unterschied zwischen Streicheln und Schlagen? In welchen Situationen muss ich mich entschuldigen usw.? In erster Linie lernt das Kind moralisches Verhalten dadurch, dass Autoritäten wie die Eltern oder die Erzieher eine Handlung als gut oder schlecht einordnen. Das Kind lernt also zuerst einmal fallbasiert. Moralische Urteile werden durch Ähnlichkeitsschlüsse auf verwandte Situationen übertragen, wobei dies durchaus schiefgehen kann. Tatsächlich sind Kinder bereits früh in der Lage moralische Entscheidungen verlässlich zu treffen, ohne diese konzeptionell analysieren und auf allgemeine Regeln zurückführen zu können. Während jedes Kind also bis zu einem gewissen Grad eines moralischen Handelns fähig ist, benötigte es für die Ableitung der allgemeinsten Prinzipien der Geistesgröße eines Kant.

Es ist leicht vorstellbar, dass sich ein selbstlernendes technisches System moralische Urteile auf ähnliche Weise erschließt wie ein Kleinkind. Beispielsweise könnte man eine große Zahl relevanter Situationen jeweils in einer Skala von gut bis schlecht kategorisieren, wobei natürlich auch komplexere Bewertungssysteme denkbar sind. Die Algorithmen des sogenannten überwachten Lernens sind explizit dafür vorgesehen aus derart gekennzeichneten Daten auf weitere Fälle zu schließen und diese dann ebenfalls als gut oder schlecht einzuordnen.[8]

Neben den genannten methodischen Fragen wie insbesondere der Verlässlichkeit von Analogieschlüssen, ergibt sich das vielleicht wichtigste Problem eines solchen fallbasierten ethischen Ansatzes aus der in Abschnitt 2.3 diskutierten epistemischen Opazität oder Undurchschaubarkeit selbstlernender technischer Systeme. Es wird insbesondere in komplexen Fällen nicht mehr nachvollziehbar sein, warum genau ein bestimmtes moralisches Urteil gefällt wurde. Andererseits sind auch beim menschlichen Handeln starke Zweifel angebracht, inwieweit konkrete Entscheidungen tatsächlich immer vollständig aus allgemeinen Prinzipien und Regeln begründbar sind und inwieweit solche Begründungen, wenn sie formuliert werden, nicht häufig im Nachhinein konstruiert werden und mit den tatsächlichen Beweggründen nur zum Teil übereinstimmen.

---

[7] Die Vorstellung, wonach Moral in einem beträchtlichen Maße genetisch in den Menschen einprogrammiert sein soll, scheint mir bereits durch meine eigene Erfahrung als Vater widerlegt.

[8] Natürlich lernt das autonome System auf diese Weise lediglich, welche Handlungen gut oder schlecht sind, keinesfalls eine tiefere Begründung der Handlungen, was unmittelbar an den im Abschnitt 2.3 behandelten Aspekt der Opazität anknüpft.

3.3 Chancen selbstlernender moralischer Systeme

Ein weiterer Punkt, in welchem die Debatte um die ethische Dimension autonomen Fahrens fehlgeht, betrifft die weitgehende Marginalisierung ethischer Fragestellungen auf sogenannte Dilemmasituationen, in welchen zwischen gleichermaßen gravierenden Übeln abgewogen werden muss, beispielsweise zwischen dem Tod der Insassen oder von unbeteiligten Spaziergängern. Diese Marginalisierung wird sowohl von Philosophen betrieben, die offenbar glücklich darüber sind, dass sie die umfangreiche Literatur zum Trolley Problem endlich in einem konkreten und wichtigen Anwendungsfall zur Geltung bringen können, aber die Marginalisierung wird auch von Ingenieuren dankbar aufgenommen, weil solche Dilemmasituationen offenbar sehr exotisch sind und im Allgemeinen vermieden werden können, wenn autonome Fahrzeuge „ordentlich" programmiert werden. Gerade letztere Argumentation ist gefährlich, weil sie fälschlicherweise nahelegt, dass bei der Entwicklung komplexer autonomer Systeme ethische Fragen nicht berücksichtigt werden müssen.

Tatsächlich besitzt *jede* Handlung, sei sie auch noch so unbedeutend und einer Routine unterworfen, eine gewisse moralische Dimension, kann also schlecht oder gut sein. Das gilt letztlich auch für die Handlungen eines autonomen Fahrzeugs. Ein simpler Spurwechsel kann moralisch signifikant sein, wenn man dadurch einen Krankenwagen im Einsatz ausbremst oder auch nur einen Büromenschen, der möglicherweise ein wichtiges Meeting verpassen wird. Und tatsächlich übernehmen autonome Fahrzeuge auch heute schon einen Großteil ihrer moralischen Urteile implizit aus den Daten, mit denen sie trainiert werden. Waren die Testfahrer eher verhalten oder aggressiv unterwegs? War ihnen Schnelligkeit oder die Rücksichtnahme auf andere Verkehrsteilnehmer wichtiger?

Sicherlich sind manche Handlungen moralisch bedeutsamer als andere, abhängig davon wie gravierend sich die unmittelbaren und auch mittelbaren Auswirkungen darstellen. Aber letztlich gibt es ein Kontinuum zwischen moralisch weitgehend unbedeutenden Handlungen, die routinemäßig vorgenommen werden und vernachlässigbare Konsequenzen aufweisen, und Handlungen, die bedeutsame Konsequenzen haben und die eines sorgfältigen Abwägens zwischen verschiedenen Alternativen bedürfen. Analog dazu gibt es ein Spektrum unterschiedlicher Normen und Regeln, welche zur Beurteilung von Handlungen herangezogen werden können. Dabei kann es sich um einfache Konventionen handeln, zum Beispiel ob man sich mit Händedruck oder mit einer leichten Verbeugung begrüßt, oder um abstrakte ethische Normen wie sie in den zehn Geboten festgehalten sind, die zur Anwendbarkeit oft einer komplexen Interpretation bedürfen.

Und tatsächlich besitzen bereits heute autonome technische Systeme wie das selbstfahrende Auto eine gewisse moralische Kompetenz, die sie sich aus den Daten angeeignet haben, mit denen sie trainiert wurden. Die moralische Einordnung verschiedener Situationen resultiert dabei alleine daraus, dass in den Trainingsdaten je nach Kontext und Rahmenbedingungen bestimmte Entscheidungen getroffen wurde. Wie einem Kind von seinen Eltern, so wird dem technischen System also je nach Kontext signalisiert: „das macht man" oder „das macht man nicht". Ob dies nun durch Konventionen oder durch tiefere moralische Gründe gerechtfertigt werden muss, spielt für das selbstlernende System ähnlich wie für das Kind erst einmal keine bedeutende Rolle.

Entscheidungen in neuartigen Situationen, welche nicht von den gegebenen Trainingsdaten abgedeckt sind, können dann vielfach über Analogieschlüsse extrapoliert werden. Das gilt letztlich auch für die anfangs angesprochenen Dilemmasituationen. Möglicherweise könnte man auch durch Simulationen Datensätze erzeugen, die das Verhalten des Fahrzeugs in solchen Situationen bestimmen und gewissen vorgegebenen moralischen Überzeugungen entsprechen. Eine derartige Extrapolation scheint am Ende sinnvoller als der verbreitete Vorschlag Dilemmasituationen zufällig zu entscheiden.

Denkt man diese Überlegungen schlüssig weiter, so werden auch die Chancen sichtbar, die sich durch selbstlernende technische Systeme aus ethischer Perspektive ergeben – jenseits der aktuellen Debatte, die fast ausschließlich auf ethische Probleme und Herausforderungen verweist. Gerade durch die in Abschnitt 2.3 geschilderten neuen Möglichkeiten im Umgang mit komplexen Phänomenen – darunter die Aussicht, dass komplexe Folgen von Handlungen mit viel größerer Präzision vorausgesagt werden können – ist denkbar, dass autonome technische Systeme eines Tages viel flexibler und mit einer viel größeren Präzision zielführende moralische Entscheidungen treffen können, als es der Mensch je imstande sein wird. Im Bereich des autonomen Fahrens wäre das die gar nicht so unrealistische Vision, dass selbstfahrende Autos eines Tages den Menschen übertreffen, was die Anzahl und schwere der Unfälle angeht, was die Schnelligkeit betrifft, mit der Menschen ihr Ziel erreichen, oder auch den Energieverbrauch. Man vergisst leicht, dass eine solche Leistung nicht nur eine technische, sondern auch eine moralische Errungenschaft darstellt.

4. Zusammenfassung und Ausblick

Vielleicht das wichtigste Resultat dieser kurzen Abhandlung ist, dass viele ethische Fragestellungen im Zusammenhang mit selbstlernenden technischen Systemen nur vollständig geklärt werden können, wenn man ein Verständnis der erkenntnistheoretischen Grundlagen datenintensiver Wissenschaft voraussetzt. Wie wir gesehen haben, betrifft das insbesondere die Frage wie moralische Aspekte in den Entscheidungen und Handlungen autonomer Systeme berücksichtigt werden können. Traditionelle Ansätze wie der Konsequentialismus oder die deontologische Ethik sind hier eher ungeeignet, stattdessen scheinen fallbasierte oder partikularistische Ansätze zielführend. In der Ausarbeitung eines konkreten partikularistischen Ansatzes, der explizit auf selbstlernende, technische Systeme zugeschnitten ist, liegt sicherlich noch eine große Herausforderung.

Schließlich soll noch einmal betont werden, dass in neuen selbstlernenden Technologien keineswegs nur ethische Risiken und Gefahren liegen, wie sie etwa im Rahmen von Doomsday-Szenarien immer wieder heraufbeschworen werden (bspw. Bostrom 2014). Es mag sein, dass künstliche Intelligenzen irgendwann die Menschheit auslöschen werden, plausibler aber ist, dass in absehbarer Zukunft selbstlernende technische Systeme aufgrund ihrer Schnelligkeit und ihres größeren Erfahrungsschatzes in bestimmten Bereichen wie dem autonomen Fahren moralisch präzisere Entscheidungen treffen werden als der Mensch.

5   Literaturverzeichnis

Ampère, Jean-Marie. 1826/2012. *Mathematical theory of electro-dynamic phenomena uniquely derived from experiments.* Transl. Michael D. Godfrey. Paris: A. Hermann. https://archive.org/details/AmpereTheorieEn

Anderson, Chris. 2008. „The End of Theory: The Data Deluge Makes the Scientific Method Obsolete." *WIRED Magazine* 16/07.
http://www.wired.com/science/discoveries/magazine/1–7/pb_theory

Bacon, Francis. 1620/1994. *Novum Organum*. Chicago, Il: Open Court.

Bostrom, Nick. 2014. *Superintelligence. Paths, Dangers, Strategies*. Oxford: Oxford University Press.

Brey, Philip & Johnny Hartz Soraker. 2009. „Philosophy of Computing and Information Technology." In Anthonie Meijers (ed.). *Philosophy of Technology and Engineering Sciences.* Amsterdam: Elsevier.

Burian, Richard. 1997. „Exploratory Experimentation and the Role of Histochemical Techniques in the Work of Jean Brachet, 193–952." *History and Philosophy of the Life Sciences* 19:2–5.

Callebaut, Werner. 2012. „Scientific perspectivism: A philosopher of science's response to the challenge of big data biology." *Studies in History and Philosophy of Biological and Biomedical Science* 43(1):6–0.

Carroll, Sean. 2008. „What Good is a Theory?", *Edge* (30. Juni 2008).
https://www.edge.org/discourse/the_end_of_theory.html

Cartwright, Nancy. 1979. „Causal Laws and Effective Strategies." *NOÛS* 13: 41–37.

Cartwright, Nancy. 1983. *How the Laws of Physics Lie.* Oxford: Oxford University Press.

Dancy, Jonathan. 2013. „Moral Particularism." In Edward N. Zalta (ed.), *The Stanford Encyclopedia of Philosophy* (Fall 2013 Edition). https://plato.stanford.edu/archives/fall2013/entries/moral-particularism/.

Duhem, Pierre. 1954. *The Aim and Structure of Physical Theory.* Princeton, PA: Princeton University Press.

Floridi, Luciano. 2012. „Big Data and Their Epistemological Challenge." *Philosophy & Technology* 25:43–37.

Frické, Martin H. 2014. „Big Data and its Epistemology." *Journal of the Association for Information Science and Technology.* DOI: 10.1002/asi.23212.

Gray, Jim. 2007. „Jim Gray on eScience: A Transformed Scientific Method." In Tony Hey, Stewart Tansley & Kristin Tolle (eds.). *The Fourth Paradigm. Data-Intensive Scientific Discovery.* Redmond, WA: Microsoft Research. http://research.microsoft.com/en-us/collaboration/fourthparadigm/4th_paradigm_book_jim_gray_transcript.pdf

Halevy, Alon, Peter Norvig & Fernando Pereira. 2009. „The Unreasonable Effectiveness of Data." *IEEE Intelligent Systems* 24(2):–2.

Herschel, John F. W. 1851. *Preliminary Discourse on the Study of Natural Philosophy.* London: Longman, Brown, Green, and Longmans.

Kitchin, Rob. 2014. „Big Data, New Epistemologies and Paradigm Shifts." *Big Data & Society* 1:–2.

Kuhn, Thomas. 1970. *The Structure of Scientific Revolutions.* Chicago: University of Chicago Press

Leonelli, Sabina. 2014. „What difference does quantity make? On the epistemology of Big Data in biology." *Big Data & Society*. http://journals.sagepub.com/doi/abs/10.1177/2053951714534395

Mayer-Schönberger, Viktor & Kenneth Cukier. 2013. *Big Data.* London: John Murray.

Mill, John S. 1886. *System of Logic.* London: Longmans, Green & Co.

Pietsch, Wolfgang. 2015. „Aspects of Theory-Ladenness in Data-Intensive Science", *Philosophy of Science* 82(5):90–16.

Pietsch, Wolfgang. 2017. „A Causal Approach to Analogy." http://philsci-archive.pitt.edu/12998/

Pigliucci, Massimo. 2009. „The end of theory in science?" *EMBO Reports* 10(6): 534. https://www.ncbi.nlm.nih.gov/pmc/articles/PMC2711825/

Popper, Karl. 1935. *Logik der Forschung. Zur Erkenntnistheorie der modernen Naturwissenschaft.* Wien: Springer.

Steinle, Friedrich. 1997. „Entering New Fields: Exploratory Uses of Experimentation." *Philosophy of Science* 64:S65-S74.

Gebündeltes Fachwissen
INTERNE REVISIONdigital

INTERNE REVISIONdigital bündelt das maßgebliche Expertenwissen für die Interne Revision in elektronischer Form. Die Datenbank versorgt Sie laufend mit qualitätsgeprüften Fachinformationen und Arbeitshilfen für die professionelle Berufsausübung.

Sonderpreis für DIIR-Mitglieder

INTERNE REVISIONdigital
Datenbank, ISBN 978-3-503-11427-6

Für Ihre erfolgreiche Revisionspraxis:
🌐 www.INTERNEREVISIONdigital.de

ESV ERICH SCHMIDT VERLAG

Auf Wissen vertrauen

Erich Schmidt Verlag GmbH & Co. KG · Genthiner Str. 30 G · 10785 Berlin
Tel. (030) 25 00 85-228 · Fax (030) 25 00 85-275 · ESV@ESVmedien.de · www.ESV.info